新媒体·新传播·新运营 系列丛书

U0747351

新媒体营销
定位、策划和关键技能
| 慕课版 |

张红霞◎主编

张纬卿　秦博　梁海建◎副主编

New Media

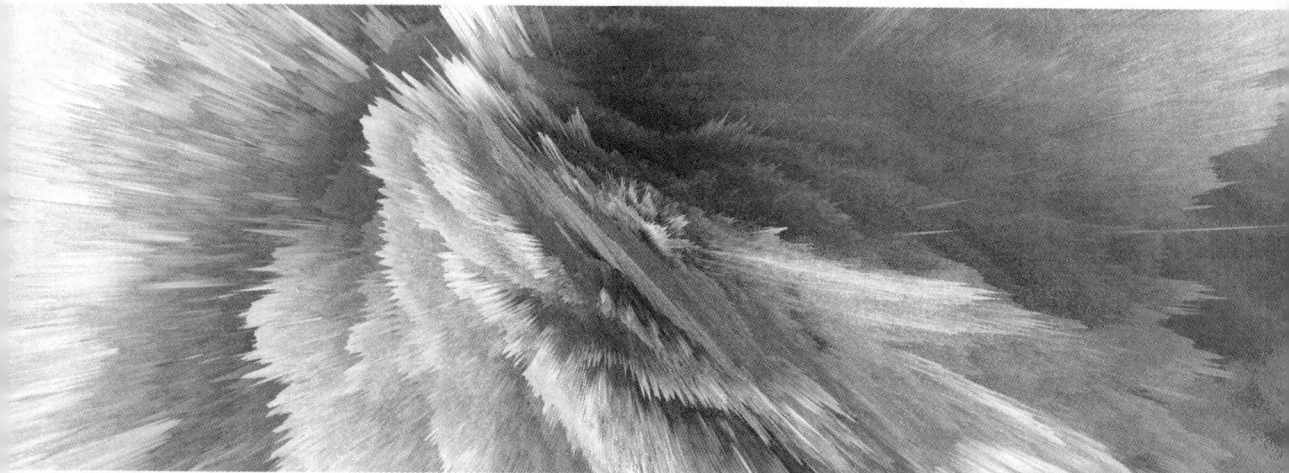

人民邮电出版社

北　京

图书在版编目（CIP）数据

新媒体营销：定位、策划和关键技能：慕课版 /
张红霞主编. -- 北京：人民邮电出版社，2024.6
（新媒体·新传播·新运营系列丛书）
ISBN 978-7-115-63780-2

Ⅰ. ①新… Ⅱ. ①张… Ⅲ. ①网络营销 Ⅳ.
①F713.365.2

中国国家版本馆CIP数据核字(2024)第038318号

内 容 提 要

新媒体作为一种新的媒体形态，正在不断改变着营销的思维、模式和方法。本书基于新媒体营销的特点，通过提炼企业新媒体营销的典型工作任务，系统阐述了新媒体营销的理论、策略、工具、方法及相关案例。全书共 8 个项目，包括新媒体营销认知、新媒体营销定位、新媒体营销策划、新媒体营销文案写作技能、新媒体营销图文处理技能、新媒体营销音频视频处理技能、新媒体营销直播技能和新媒体营销数据分析技能。

本书内容新颖、讲解透彻，既可以作为院校相关专业新媒体营销、新媒体营销策划、新媒体运营等相关课程的教材，也可以供广大新媒体营销相关从业人员学习和参考。

◆ 主　编　张红霞
　　副主编　张纬卿　秦　博　梁海建
　　责任编辑　侯潇雨
　　责任印制　王　郁　彭志环
◆ 人民邮电出版社出版发行　　北京市丰台区成寿寺路 11 号
　　邮编　100164　电子邮件　315@ptpress.com.cn
　　网址　https://www.ptpress.com.cn
　　三河市祥达印刷包装有限公司印刷
◆ 开本：787×1092　1/16
　　印张：10.5　　　　　　　　　　2024 年 6 月第 1 版
　　字数：213 千字　　　　　　　2024 年 6 月河北第 1 次印刷

定价：42.00 元

读者服务热线：(010)81055256　印装质量热线：(010)81055316
反盗版热线：(010)81055315
广告经营许可证：京东市监广登字 20170147 号

前言
FOREWORD

党的二十大报告提出："加快发展数字经济，促进数字经济和实体经济深度融合，打造具有国际竞争力的数字产业集群。"随着大数据、人工智能、虚拟现实等技术的发展，电子商务等新业态在经济中占据重要地位，以用户为导向、以数字创意为基础、以互联网为媒介的新媒体平台不断涌现。

通过新媒体平台，人们可以随时随地发布信息，与受众进行互动。发、收信息的双方不再固定，可以随时进行角色互换。这使得营销活动出现了一些新的思维、模式、策略和方法，新媒体营销逐渐被企业接受并成为主流营销方式之一。学好新媒体营销的相关知识对有效开展营销工作来说很有必要。为配合学校培养新媒体营销方面的人才，编者特编写了本书。

🔘 本书特色

● **立德树人，价值引领。** 本书全面贯彻党的二十大精神，将党的二十大精神与实际工作结合起来，立足岗位需求，以社会主义核心价值观为引领，传承中华优秀传统文化，注重立德树人，培养学生自信自强、守正创新、踔厉奋发、勇毅前行的精神，强化学生的社会责任感和奉献意识，从而提高人才培养质量，着力打造拔尖创新型人才。

● **理实结合，即学即用。** 本书先介绍了新媒体营销认知、新媒体营销定位、新媒体营销策划等基础知识和策划理念，再围绕新媒体营销文案写作技能、新媒体营销图文处理技能、新媒体营销音频视频处理技能、新媒体营销直播技能、新媒体营销数据分析技能这5种新媒体营销核心技能展开讲解，让读者真正掌握新媒体营销的必备知识。本书在讲解理论知识的同时，在每个项目都设置了有针对性的实训，可以帮助读者在学习完理论知识后迅速开展实践训练。

● **资源丰富，易于拓展。** 本书提供PPT、视频、案例素材等立体化的教学资源，用书教师可登录人邮教育社区（www.ryjiaoyu.com）下载使用。

鉴于新媒体发展迅速，尽管我们在编写过程中力求准确、完善，但书中难免存在不足之处，恳请广大读者批评指正，在此深表谢意！

编 者
2024年5月

目录
CONTENTS

项目 1

新媒体营销认知

项目 1

学习目标

- 掌握新媒体的内涵和特征
- 了解新媒体的发展趋势
- 掌握新媒体营销的内涵
- 熟悉新媒体营销的形式和方法
- 熟悉新媒体营销岗位的职责

知识结构图

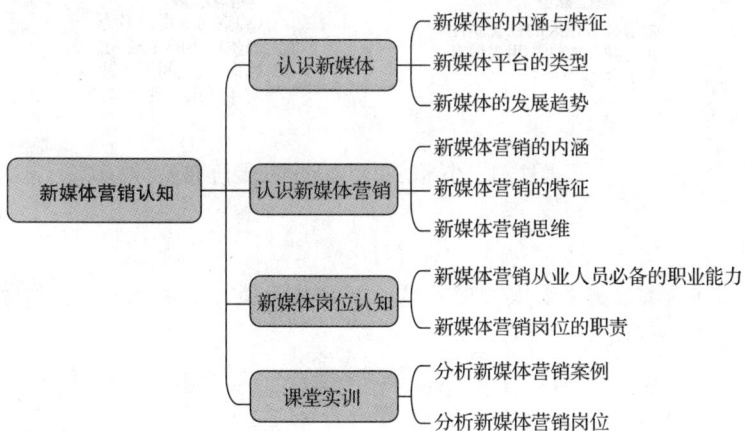

新媒体营销认知
- 认识新媒体
  - 新媒体的内涵与特征
  - 新媒体平台的类型
  - 新媒体的发展趋势
- 认识新媒体营销
  - 新媒体营销的内涵
  - 新媒体营销的特征
  - 新媒体营销思维
- 新媒体岗位认知
  - 新媒体营销从业人员必备的职业能力
  - 新媒体营销岗位的职责
- 课堂实训
  - 分析新媒体营销案例
  - 分析新媒体营销岗位

小米营销策略：发展粉丝经济

"无米粉，不小米"是小米一直以来的口号，"让每一位用户都成为小米一辈子的朋友"是小米一直以来坚持的宗旨。

通过线上（小米社区、新媒体、小米商城）与线下（小米之家、小米家宴、"米粉"节）活动相结合的方式，小米不惜投入大量时间和人力成本，为用户提升体验感和参与感，从而使用户形成强大的粉丝团体。从一开始的"百人荣誉开发组"到后来的百万"米粉"，小米以一种让粉丝与其"共享、共创"的精神和姿态，缩短了和粉丝之间的距离，形成了以粉丝营销为基础的营销策略。

小米在新媒体营销方面的主要阵地有小米社区、微博、微信、QQ空间等，如图1-1所示。小米把每一个平台账号都当成一个产品来做，为其配备完整的团队去管理。通过做新媒体营销，提供优质的内容，小米实现了品牌传播。

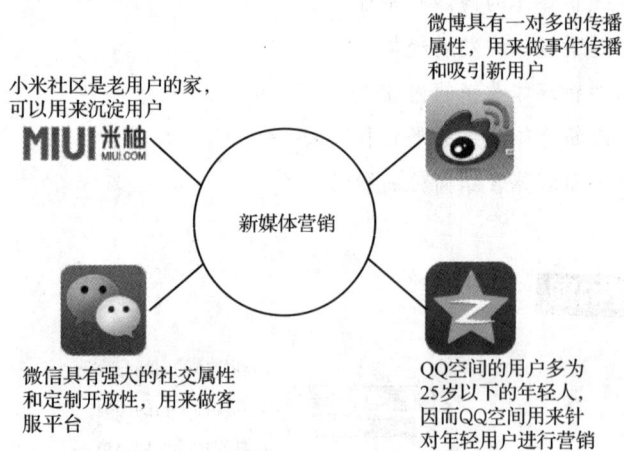

图1-1　小米的新媒体营销主要阵地

案例思考：

小米的营销阵地都有哪些？其中哪些属于新媒体营销？说说小米新媒体营销布局的合理之处。

案例启示：

小米利用社区、微博、微信和QQ空间等平台做新媒体营销。微博和QQ空间具有一对多的传播特点，可以做传播事件和吸引新用户的平台；微信具有很强的社交属性和定制开放性，可以做客服平台；小米社区是小米最早使用的社交平台，可以用来反馈问题，沉淀用户。

1.1　认识新媒体

随着互联网的快速发展，移动互联网用户的数量迅速增加，一个以各种新兴通信和传播工具为基础的新媒体时代已经到来。在新兴媒体数量激增，且受众日益细分的格局下，人们的价值观念和消费行为也在发生改变。在这种情形下，越来越多的企业将自己的营销阵地转移到各种新媒体平台上。

1.1.1　新媒体的内涵与特征

1. 新媒体的内涵

联合国教科文组织对新媒体的定义是："以数字技术为基础，以网络为载体进行信息传播的媒介。"就本书而言，新媒体是相对于报刊、广播、电视等传统媒体而言的，基于网络技术发展，采用新的媒介形式，实现个性化、互动化、精准化传播的现代媒体类型。

2. 新媒体的特征

新媒体在信息传播方式、信息接收方式、信息传播行为、信息传播速度、信息传播内容等方面均表现出独有的特征。

（1）双向化

从信息传播方式来看，新媒体打破了传统媒体"自上而下""点对面"的单向传播体系，形成了一种"每一个新媒体用户既是信息的接收者，又是信息的创造者和传播者"的双向传播体系，使得信息的互动、传播变得更加方便、快捷。新媒体用户不仅可以发表自己的见解，不同用户之间还可以相互讨论，信息传播者也可以通过与用户互动来了解用户的想法。新媒体下的用户与用户之间、媒体与用户之间，甚至媒体与媒体之间形成的无门槛式的互动，在无限地拓展信息的传播方式和渠道的同时，还进一步体现和强化了用户的个性化需求。

（2）移动化

从信息接收方式来看，传统媒体需要用户在固定的时间和地点被动地接收信息，新媒体则使用户彻底从传统媒体的桎梏中解放出来。用户可以自由地通过随身携带的手机或其他移动设备，随时随地利用新媒体获取、接收信息，并且这种行为带有移动化、碎片化的特性，即用户通常会利用零碎的闲散时间来搜索信息、阅读文章或收看节目，在快节奏的生活状态下，享受片刻轻松时光。只不过与传统媒体相比，因为移动设备具有使用时间碎片化和屏幕小等特点，所以对新媒体发布的内容篇幅和表现形式提出了新的要求。

（3）个性化

从信息传播行为来看，报刊、广播、电视等传统媒体，主要针对的是一群用户的需求；而新媒体针对的是精准化用户的需求，使每一个用户都可以订阅自己喜欢的节目、文章等信息，可以充分地满足不同用户千差万别的喜好。新媒体让人们不管是作为信息的传播者还是接收者，都可以自由地发表观点、传播信息等，可以满足不同人的不同需求，给人们提供了个性化展示平台。新媒体个性化的传播方式让用户体会着发布信息、影响他人的快感，但也存在个人隐私容易被泄露、内容良莠不齐的弊端，为信息管理和监控带来了困难，也对用户的信息选择能力提出了更高的要求。

（4）实时化

从信息传播速度来看，报刊、广播、电视等传统媒体发布的内容都需要由专业的记者及时发现新闻、撰写文稿、编辑剪接、排版审查、在固定时段发行或播出才能让用户看到，尽管信息技术、互联网技术的发展使得这一整套流程花费的时间大大缩短，但信息的传播还是存在一定的时滞性；而新媒体信息传播速度比传统媒体更快，甚至使用户可以实时接收信息，并立刻收到相应的反馈。每个新媒体用户都可以成为"记者"，在第一时间发布在现场的所见所感，信息的接收者也可以随时查看、阅读或收看第一手信息，并针对信息发表自己的观点。

（5）多元化

从信息传播内容来看，在传统媒体中，报刊主要以文字、图片的形式传播信息，广播主要以声音的形式传播信息，电视则主要以影像的形式传播信息；新媒体在传播信息时，可以做到将文字、图片、视频等同时传播，呈现出多元化的特点。随着技术的发展，可穿戴设备等移动智能终端将会被普及，用户接收信息的方式会更加多样化。新媒体传播内容的多元化不仅增加了传播内容的信息量，也在一定程度上拓宽了传播内容的深度和广度。新媒体时代下不同国家和地区的用户通过互联网联系起来，可以随时了解世界各地的信息，通过网络的联通实现了空间的拓展，丰富了信息的来源。

（6）便捷性

新媒体的便捷性既体现在内容的生产和制作上，也体现在内容接收者的使用方便程度上。传统媒体无疑需要投入大量的人力和财力来运作，其成立新的媒体机构需要经过国家有关部门的层层审批；而在新媒体模式下，用户自己就可以是一个媒体平台。例如在微博、优酷等网站上，用户只需要简单地注册，使用服务商提供的页面模板，便可以在网站上发布文字、音乐、图片、视频等信息。另外，手机等移动终端的普及使得用户可以轻松地接触到信息，并且很多信息都是免费的，加之其容易携带，用户可以随时随地获取自己需要的信息。

总之，现在的新媒体不再是以固有的传播者与受众的定位来传播信息，而是更偏重于两者之间的共享与互动，新媒体用户的互动也更为频繁，新媒体个性化、便捷性的特征将更加明显。

1.1.2 新媒体平台的类型

从第一代的论坛、博客、数字电视等，到如今的微博、微信、抖音等，新媒体平台的类型随着新的互联网产品和服务的诞生层出不穷。本书将当前新媒体平台大致分为两大类。

1. 视频平台

随着互联网的快速发展，营销推广的方式向娱乐化、多媒体化不断发展，这是时代发展的趋势。

目前短视频平台可以通过在视频前后加贴片广告的方式来增加收益，包括暂停视频时也可以插入暂停广告。比如当今比较火爆的抖音，这是一款音乐创意短视频社交软件，是一个面向全年龄的音乐短视频社区平台。用户可以通过这款软件选择歌曲，拍摄短视频，形成自己的作品；平台则会根据用户的喜好，为用户推荐其可能感兴趣的视频。除了抖音外，快手、美拍等短视频软件也凭借独特的设计风格、炫酷的主题、丰富的特效受到年轻人的喜爱。

2. 社交平台

社交平台主要包括微信、微博等。

（1）微信

根据腾讯发布的2022年一季度财报，微信及WeChat（微信国际版）合并月活跃账户数为12.88亿，微信小程序日活跃账户数突破5亿。

① 微信公众号

不管是企业还是个人都可以开通微信公众号，通过微信公众号推送文章和提供用户需要的服务。有的企业微信公众号积累了千万用户，可以针对他们进行精准的信息推送，从而大大提高企业的用户管理和运营水平。不少官方媒体也纷纷开通微信公众号传播自己的文章和观点，如《人民日报》的微信公众号文章阅读量经常超过10万。

② 微信朋友圈

人们在微信朋友圈经常会看到朋友分享的内容，所以有人就通过添加好友、在朋友圈发软文做推广。假如你的微信账号拥有5000个好友，那么这个账号就相当于一个活跃度很高的微博账户。通过在朋友圈发布营销信息，吸引用户进行私聊，然后进入微店成交已经成为很多电商运营的重要模式。

③ 微店

移动电子商务呈现社交化的趋势，每个用户都可以通过移动设备订阅自己喜欢的品牌和产品信息，建立满足自己不同需求的购物清单。这些被用户订阅的品牌，可以根据用户的购物清单进行一对一推荐，真正实现一对一精准营销。

作为新兴的电子商务平台，微店的开通成本低，用户只需要花费较少的时间就可以利用微店进行营销推广，而且可以发动每个用户建立属于自己的购物社交网络。

④ 微信小程序

微信小程序生态吸引了大量开发者与创业者进入这条全新的赛道。基于微信小程序独特的社交属性，近两年衍生出了如"社交电商""社区团购"等新型的商业模式，拓展了零售行业与电商行业的边界。

（2）微博

微博的出现具有划时代的意义，标志着个人互联网时代的到来。它极大地拉近了网络上名人与普通用户的距离。从个人化角度来看，企业品牌的微博可以将自己拟人化，使自己更具亲和力。例如小米开通微博吸引了大量粉丝，又通过各种微博活动促销，吸引了大量用户转发，使其参与微博活动，为产品宣传，带来了很好的正面影响。

另外要指出的是，如今的微博营销不仅可以进行产品与品牌宣传，还能够直接引导用户在线购买，实现完整的业务闭环。更重要的是，企业可以借助微博平台转发产品信息，扩大自己的活动的影响力。微博平台最显著的特征之一就是信息传播迅速，一条微博在触发微博引爆点后，短时间内就可以抵达微博世界的每一个角落，因此企业主可以请名人微博主转发自己的活动微博，让自己的品牌活动借助名人微博的力量扩散。

（3）问答平台

常见的问答平台有知乎和百度知道，其通过回复网友的咨询和网友间的经验交流来对产品或品牌做推广，这种方式有利于树立良好的用户口碑。

百度搜索出品的百度知道业务截至2022年6月17日，已经累计解决了超过7.46亿个问题，每天产生350万个问题，平均每秒帮助超过9000人获取答案。

知乎是高质量问答社区，于2011年上线，品牌致力于"让人们更好地分享知识、经验和见解，找到自己的解答"。目前知乎已经成为综合性、全品类、在诸多领域具有专业影响力的知识分享社区和创作者聚集的原创内容平台。

（4）自媒体平台

自媒体平台是企业常用的推广渠道之一。很多自媒体平台都是搜索引擎的信息源，所以这些平台往往能给企业带来可观的流量。

① 头条号。今日头条是一款基于数据挖掘的推荐引擎产品，头条号是今日头条旗下的媒体/自媒体平台，致力于为用户推荐有价值的、个性化的信息，即用户感兴趣的才是头条号推荐的。头条号面向社会人群进行高度精准的推荐，流量巨大；其中，娱乐类、新闻类的文章比知识类、文艺类的文章更容易获得高阅读量。

② 简书。简书是一个优质的创作社区，是一款将写作与阅读整合在一起的产品，是一个写作软件，是一个主要受众为年轻人的阅读社区。简书中文章的原创性极高，是许多编辑选用文章的首选之地。简书更利于打造个人品牌。

③ 企鹅号。其主体用户为17～25岁的年轻群体，其背靠腾讯媒体系统，发布的优质内容可以通过手机QQ浏览器、天天快报、腾讯新闻客户端、微信新闻插件和手机QQ新闻插件进行一键分发，实现更多、更精准的曝光。

1.1.3 新媒体的发展趋势

新媒体行业是一个不断发展的行业，其中新媒体的"新"代表着要不断迭代。中国社会科学院新闻与传播研究所在社会科学文献出版社出版的《中国新媒体发展报告（2020）》认为，中国新媒体发展迈上了5G+新起点。具体来说，新媒体有如下发展趋势。

1. 平台多样化

在新媒体时代，人们发布和获取信息的渠道增多了。

信息不再像传统媒体时代那样进行自上而下的传输，也不再像之前仅限于"双微一抖"（微信、微博、抖音）的模式，体现了新媒体平台多元化的特点。

2. 用户全民化

随着互联网技术的迅猛发展和应用，新一代用户的消费方式和消费行为正处于动态变化之中。新时代下新型用户的首要特征就是从被动接收信息到按需主动搜索信息；而且随着时间的流逝和科技的不断发展，不同年龄段的用户都参与到新媒体信息的制作和传播之中，呈现出全民皆参与的特点。此外，企业通过大数据技术分析与用户相关的各类数据，将用户归类，并为用户提供个性化与定制化的产品与服务。

消费方式的变革必然要求与之相匹配的支付方式的变革。过去，消费者的消费方式主要是现金消费，一手交钱一手交货的传统支付方式延续了数千年；随着现代金融业的发展，刷信用卡超前消费成为消费者消费观念和行为的一次飞跃和变革；近年来，移动支付的兴起更成为传统支付和消费方式的一次颠覆性转变。网上购物和移动支付的便捷性让消费者决策的时间缩短。在移动互联网时代，便捷、快速、安全成为消费者关注的重点。

3. 账号矩阵化

随着新型传播方式和新媒体平台的不断普及，新一代用户逐渐放弃了传统的、低效率的媒体平台，转而选择更为高效、便捷的新媒体平台。而伴随着用户的更迭，传统媒体逐渐失去原有的受众，同时又无法吸引足够多的新受众，于是逐渐衰退，甚至有可能退出历史的舞台。

此外，由于新媒体内容的分散性，以及平台的多样性，用户获取的信息会比较分散。企业为了让用户更全面、更多地获取其产品信息，打造了很多矩阵账号。

素质园地

用好新媒体，传播正能量

"紧急扩散，此女人在江西赣州安远县拐走4岁男孩。" 2016年4月28日7时31分，一则寻人启事出现在"线索核查群"微信群里，还附了几张清晰的红衣女子的照片。迅速与警方核实后，8时31分，《人民日报》微博账号发出消息——"紧急!!!见到这个女人请速报警!……" 4月29日8时5分，涉嫌拐卖儿童的女子在广州市被警方抓获，被拐男孩得救。此时，那条微博已被66062人转发，阅读量高达1628.3万次。《人民日报》微博账号对信息准确、高效的传播，为网络带来了更多正能量。

对于新媒体传播，当我们将传播底线定位为小心谨慎、大胆细致、精密准确、认真负责，对每条信息都认真过滤，对每个细节都严格把关，去除信息中可能存在的谣言，让新媒体成为"信媒体"，它就能在维护和谐、纾解烦恼、解决问题、处理难题、临危救急、凝聚人心等方面发挥立竿见影的推动作用，为网络带来更多清新空气。例如《人民日报》微博账号的做法，无论是"报警追人"，还是帮农民"微博卖菜"，都为困难者、有需求者送去了及时的帮助，也让网络正义感得到激情呈现。人人都做负责任的"鼠标"和"键盘"，新媒体就能发挥积极、正面、快捷、现代化的作用，进而造福公众。

不少人都觉得，在当下要保证信息传播的真实性很难。是这样的吗？《人民日报》微博账号的成功经验告诉我们，只要不怕麻烦、谨慎，愿意承担起信息过滤和鉴别的责任，愿意成为一个负责的传播者，即对第一手权威信息信任，对道听途说的网络信息多一些理性的分析，对没有把握的信息拒绝传播，尤其是杜绝盲从，我们就可以剔除不良信息，保持新媒体的清纯、干净。做到这一点，真的不难。

因此，我们要善用新媒体，传播正能量，当好无形的社会"瞭望者""监视器""引领者"，为营造良好的互联网环境贡献自己的力量。

行业动态

"你爱我，我爱你，蜜雪冰城甜蜜蜜"

2021年，蜜雪冰城主题曲可谓火遍全网。不用经过蜜雪冰城门店，就能享受全天候的音乐"洗脑"，因为打开手机，抖音、B站、微信公众号，都是相关的内容。甚至在午休时，身边的朋友也都在唱这首歌。在这样的氛围里，慢慢地你发现自己也开始不自觉地哼唱起这首歌来。

奶茶市场趋于饱和，蜜雪冰城以美国乡村民谣《哦，苏珊娜》曲调为旋律，搭配一句话的歌词打造的主题曲，朗朗上口，一经推出就火遍全网，提升了品牌质量。

蜜雪冰城基于品牌调性和流量的考虑，最终选择以抖音、B站为主要宣传阵地。蜜雪冰城主题曲发布不到一个月，在B站，以"蜜雪冰城"为关键词，排名前20的与主题曲有关的热门视频的播放量累计就超过了6000万；同时，蜜雪冰城主题曲在抖音也收获了超过60亿的播放量。

1.2 认识新媒体营销

自新媒体出现以来，各种依托新媒体的营销方式也随之发展起来，营销手段日趋多元，营销方式发生了巨大的改变，经营者都越来越注重利用新媒体平台的特性，强化营销活动的体验性、沟通性、差异性、创造性和关联性。

1.2.1 新媒体营销的内涵

从字面上说，新媒体营销可以理解为：利用新媒体平台进行营销的模式。

从本质上说，新媒体营销是企业软性渗透的商业策略在新媒体平台上的实现，通常借助舆论传播使消费者认同某种概念、观点和分析思路，从而达到企业品牌宣传、产品销售等目的。

从企业的角度来看，新媒体营销是指企业借助各种新媒体平台，将产品或服务信息以潜移默化的方式发布出去，在目标消费者中进行广泛且深入的信息传播，达到让目标消费者参与具体的营销活动，最终实现企业品牌形象树立、产品销售等目的。

从消费者的角度来看，新媒体营销可以帮助消费者迅速找到其想要的产品或服务。通过新媒体平台，消费者不仅可以享受企业提供的各种优质产品和服务，满足自己的个性化需求，还可以及时与他人分享自己的感受，与企业之间形成良好的互动关系。

总体来说，新媒体营销是指企业或个人在新媒体思维的指导下，充分利用新媒体平台的功能、特性，通过对目标消费者的精准定位，针对目标消费者的需求，研发个性化的产品和服务，采取新媒体营销方法开展新媒体营销活动的全过程。

1.2.2 新媒体营销的特征

随着科学技术的发展，新媒体营销方式不断以新的形态出现，而营销的目的却始终不变：让消费者知晓并认可企业的产品和服务，从而产生消费行为。新媒体营销的特征表现为以下几个方面。

1. 形式多样

新媒体营销可以通过文字、图片、音频、视频、H5页面等形式进行。

文字：文字是最为常见的内容呈现形式之一。例如，雪碧的广告文案"透心凉，心飞扬"。

图片：用图片做广告，这种直观的视觉方式能让用户在瞬间记住品牌所要宣传的产品或思想。例如，化妆品品牌百雀羚在其微信公众号上发布的"一九三一"长图广告贴合移动端用户的使用习惯，产生了刷屏的效果。

音频：用音频进行营销，不需要占用用户的双眼即可实现"伴随式"的营销。例如，2021年，蜜雪冰城推出的接地气的主题曲迅速火遍全网。

视频：视频包括电视广告、纪录片、微电影等形式，利用视频进行营销能取得不错的效果。例如，美国Blendtec公司为宣传其搅拌机，以一个老人将各种稀奇古怪的东西扔进搅拌机为主题拍摄了一系列视频，最终取得了不错的营销效果。

H5页面：这是近年来兴起的一种营销方式，它利用各种创意设计进行营销，因为形式多样，往往能取得良好的传播效果。例如，支付宝推出的"支付宝十年账单"H5页面甚至脱离了支付宝本身，在微博、微信朋友圈产生了刷屏的效果。

2. 互动性强

新媒体涵盖了丰富多彩的内容，微信、微博、论坛等平台让每个人都可以成为信息传播者，关于生活、学习、工作等的各类信息都展现了前所未有的广度和深度。通过对新媒体平台的大量数据进行分析，企业可以有效地挖掘用户的需求，为产品的设计与开发提供良好的市场依据。相对于传统媒体下，用户只能被动地接收信息而言，在新媒体下，用户可以借助现代先进的网络通信技术及时地与企业进行互动，这使传播方式发生了根本性的变化。移动网络及移动设备的普及，使信息跨越时空的传播成为可能。因此，新媒体营销实现了信息的随时随地传播，营销效率大大提高。以新媒体技术为基础的新媒体营销大大降低了产品投放市场前的风险。

3. 传播高效

新媒体的信息传播速度快，传播强度大，传播内容更加生动、形象、直观，更容易被用户接收和理解。同时，新媒体营销的传播呈现裂变式增长，使企业的营销活动可以在短时间内迅速触达更多用户。以企业的营销文章为例，一方面，用户可以通过转发、分享等方式传播给其他用户，使传播范围大大增加，传播周期大大延长；另一方面，优质的营销内容到传播后期已经不需要企业的干预，而是依靠用户的转发和分享就能在社交网络上自发式地传播。

4. 营销效果数据化

数据化的表达是新媒体营销的重要的特征。随着技术的发展和移动互联网的普及，每天都有海量数据产生，通过挖掘这些数据所包含的信息，企业可以支撑商务活动的各个环节。首先，数据化是新媒体营销的基础，新媒体营销的第一步就是要对与营销活动相关的用户进行数据挖掘和分析；其次，新媒体营销的成果可以进行数据化呈现，而数据化营销成果的呈现可以促使企业及时调整营销策略，以达到更好的营销效果。

1.2.3 新媒体营销思维

1. 互联网思维

互联网思维就是在（移动）互联网+、大数据、云计算等技术不断发展的背景下，对市场、用户、产品、企业价值链，乃至整个商业生态进行重新审视的思考方式。

（1）互联网思维是一种商业民主化的思维。互联网时代下的产品更多是以信息的方式呈现，消费者同时成为信息的生产者和传播者，生产者和消费者的权力发生了转变，消费者在交易过程中的主导地位越来越明显。因此，互联网思维是以消费者的需求为主的思维，消费者可以更加自主地选择自己所需要的产品和服务。

（2）互联网思维是一种消费者至上的思维。传统企业虽然也一直强调"消费者至上、产品为王"，但一直很难落实到行动上，更多的企业仍然习惯性地站在自己的角度考虑问题，并没有完全将消费者的需求当作企业的需求。而在互联网时代，消费者可以通过各种渠道去发表自己的意见，这就使得企业必须正视自身存在的问题，将消费者的需求确确实实地放在首位，把"消费者至上"的思维贯彻到企业的生产经营活动中去。

（3）互联网思维注重产品和服务的有机结合。在互联网时代，消费者的需求是分散的、个性化的，除了基本的产品功能需求外，还有展示其品位、享受企业的优质服务等更高层次的需求。这样一来，消费者的需求就不像单纯的功能需求那样简单、直接，企业要想充分把握消费者的需求，就必须不断地根据消费者的需求对产品进行精益求精的迭代与更新，将产品和服务有机地结合起来，使目标消费者成为企业的忠实粉丝。小米手机系统每周更新一次，微信第一年就迭代了44次，就是这个道理。

2. 全局思维、跨界思维

全局思维就是战略思维。具体来说，全局思维就是从实际出发，正确处理全局与局部、未来与现实的关系，并抓住主要矛盾制订相应规划，为实现全局性、长远性目标而采用的思维方式。

跨界思维就是多角度、多视野地看待问题和提出解决方案的思维方式。它不仅代表着一种时尚的生活态度，更代表着一种新锐的思维特质。

在互联网时代，企业的经营必须从全局战略的高度和跨界融合的角度，思考如何将自身的优势与新媒体平台的优势充分结合，提高企业的竞争力。

（1）全局思维、跨界思维要求有前瞻性

互联网时代，企业在经营管理活动中更加需要从全局和长远利益出发，牢牢把握科技发展带来的机遇。就好像数字成像技术对传统成像技术造成冲击，间接造成老牌相机胶卷生产企业柯达停产胶卷；移动互联技术的发展和微信等新媒体平台的诞生，改变了人们的沟通模式，企业要想在残酷的竞争中不被淘汰，个人要想跟上社会前进的步伐，就必须具有前瞻性，用全局思维掌握主动权，用跨界思维大胆探索。

（2）全局思维、跨界思维要求有融合性

这里的融合性包含3个层面。

一是企业与消费者之间的融合。这种融合不仅是利用新媒体消除信息不对称、破除时间限制、扩大传播量，也是利用新媒体去中心化的、个性化的信息传播特性，重构企业与消费者的关系，以平等的去中心化传播方式重建传播场景，拉近企业与消费者的关系，获取消费者信任，最终使其成为忠实消费者。

二是企业与企业之间的融合。跨界的双方要通过共享客户、渠道等资源，实现深度协同营销和产业链互补。例如，小米与滴滴快的的合作——滴滴打车App成为小米红米note2的首发合作平台，部分滴滴用户还能提前体验快速配送服务，可以弥补小米因产业链不完善而丢失来自社区的潜在购机客户的不足，成为"移动电商+物流配送"的有效尝试。

三是企业与媒体的融合。在这个自媒体盛行的时代，当一个企业或产品拥有了海量消费者，该企业或产品本身就成了一个极具号召力的企业自媒体和与消费者连接的渠道。成为自媒体的企业或产品，将更多地承担起固化消费者消费和支付习惯，增强消费者黏性，为其他合作企业的品牌开发新的销售渠道和流量入口的责任。

3. 大数据思维

大数据通常指无法在一定时间内用传统数据管理方法（如数据库管理工具）进行抓取、收集、管理、分析处理的数据集合。

从技术的角度看，大数据是大数据挖掘技术、云计算技术、移动互联网技术、数据库技术等一系列收集数据、分析数据、处理数据的技术的集合。

从产业的角度看，大数据是指通过大数据技术在商业领域的运用，企业能够充分了解目标消费者的需求，从而生产出满足其个性化需求的产品和服务，实现商业领域的变革。

（1）大数据思维注重关联关系

大数据思维不是从某个人的思维框架出发，而是让海量数据相互碰撞，寻找其相关性，先看到结果再分析原因。这就打破了原有思维框架的限制。例如，美国一家零售商在处理海量的销售数据时发现，每到星期五下午，啤酒和婴儿尿不湿的销量同时上升。这家零售商通过观察发现，星期五下班后，很多年轻的爸爸要买啤酒度过周末，而这时妻子常常会打电话提醒他们在回家的路上为孩子买尿不湿。发现这个相关性后，这家零售商就把啤酒和尿不湿摆在一起，方便年轻的爸爸购物，大大提高了销售额。

（2）大数据思维是"以大见小"

大数据思维就是从纷繁复杂的海量数据中筛选出我们所需要的数据。因此，大数据的核心就是预测。大数据不是要教机器像人一样思考，相反，它是把算法运用到海量的数据上来预测事情发生的可能性，准确预测消费者的行为。

4. 共享经济思维

借助互联网，消费者不但可以轻松地找到他们所需要的产品，还可以将自己闲置的资源与他人共享，从而赚取一些收入。其实共享经济的概念并非最近才出现，但是随着数字技术的发展，如今的消费者利用互联网将共享经济带到了一个新高度。在共享经济下，传统的企业和消费者之间的界限正在变得越来越模糊。人们开始逐渐放弃传统的产品购买方式和服务，转而在互联网上寻找产品共享服务，以这种更加方便、高效且价格低廉的方式来满足自己的需求。共享经济思维就是指本着互惠互利的原则，最大限度地利用社会资源的价值，实现共享各方的利益最大化。

1.3 新媒体岗位认知

在互联网时代背景下，新媒体的发展如火如荼，新媒体营销变得越来越重要。作为新媒体营销从业人员，应该具有基本的职业能力，了解新媒体营销岗位的职责。

1.3.1 新媒体营销从业人员必备的职业能力

一个合格的新媒体营销从业人员需要具备一定的职业能力。

1. 熟悉产品的能力

脱离产品的新媒体营销是没有意义的。脱离产品的新媒体营销无法对内容传播或产品销售起到促进作用，最终将难以持续。

新媒体营销从业人员要先熟悉产品，分析产品最吸引用户的地方在哪里，再思考用户的行为特点，不同类型的用户在使用产品的过程中会遇到哪些问题、产生哪些需求等，这样才能写出激发用户购买欲望或者传播欲望的新媒体文案。

2. 积累"网感"

具有"网感"是要求新媒体营销从业人员具备能够快速抓取网络热点，并根据热点创造内容的能力。这种能力是在对网络热点的数据分析、对优质内容的信息收集等基础上形成的。

新媒体营销从业人员对网络趋势的把握很关键，因为他们需要快速对热点做出反应，而且还要做到让创作的内容和企业或品牌形象相匹配。这就要求他们在了解产品和用户的基础上具备良好的"网感"。

3. 资源整合能力

新媒体营销不仅是简单地写几个好文案，同时也要使一个好文案能够被扩散。其中的关键是要找到网络上能扩散有关内容的资源。并不是任何文案都可以成为"爆款"的，这就要求新媒体营销从业人员具备超强的资源整合能力，不仅是整合网络上的各种素材，更重要的是整合网络上各种有助于信息传播的优质资源，并与其建立互利互惠的长期合作关系。

4. 内容策划能力

很多用户在接触企业产品之前，一般会先看企业发布的文章、海报、短视频等。因此，新媒体营销从业人员需要持续提升内容策划能力。需要特别强调的是，现阶段各大新媒体平台一般都具有电商功能，这使用户在阅读内容时可以直接购买产品。因此，新媒体营销从业人员除了需要提升内容策划能力，还需要学习内容转化技巧，提升业绩水平。

5. 运营统筹能力

新媒体营销是一项系统化的工作，需要新媒体营销从业人员做好策划、执行、反馈等一系列工作。刚进入新媒体营销行业的新人，需要针对活动策划与运营、产品策划与运营等模块进行学习与实践。

6. 数据分析能力

新媒体营销往往能很容易获得较为精准的数据，如页面访问量、文章转化率、用户浏览时长、网页跳出率等，新媒体营销从业人员必须持续提升数据分析能力。

1.3.2 新媒体营销岗位的职责

新媒体营销岗位的日常工作包括：选题定位、素材收集、内容编辑、图文排版、封面配图、内容校对、推送发布、数据监测、留言处理、用户互动、定期总结等。

新媒体营销岗位的职责如下。

1. 营销策划

熟悉企业发展策略和产品特点，聚焦社交平台的热点事件和企业产品舆情资讯，致力于品牌形象的提升和销售业绩的转化。

与团队共同讨论策划方案，配合执行各种线上线下营销活动，进行媒体对接与内容制作。

2. 平台运营

对各新媒体平台（微博、今日头条、抖音等）的策划，日常内容更新和数据分析等运营及推广工作。

3. 视觉设计

图像、文案、视频、产品创意等的策划、制作与管理等。

4. 粉丝运营

与各新媒体渠道粉丝进行良好的互动，通过有效的新媒体运营手段提升粉丝活跃度；聚集各社交平台上的粉丝群体，发展与维护核心用户，提升社群经济的规模效应。

1.4 课堂实训

1.4.1 分析新媒体营销案例

支付宝"在吗"口令案例发生时间：2021年2月

营销策略："土味"情话+随机性

案例说明：支付宝、咪咕音乐、口袋铃声联合推出了"恋爱ing"主题营销活动，即只要在支付宝搜索框输入"在吗"口令，就会收到一首情歌，并配有一句以"在吗"开头的"土味"情话。虽然这是一场非常明显的营销活动，但大众仍乐此不疲地参与其中。微博话题"支付宝 在吗"的阅读量高达2.6亿，讨论量达7.7万。在此次营销活动中，支付宝通过"在吗"引起了用户的好奇心，再通过随机的文案让用户体会到了开盲盒的乐趣。

1. 实训要求

在互联网上搜索与该案例相关的内容，以及新媒体用户对其的评价，分析该活动能够引起用户广泛关注的原因。

2. 实训步骤

（1）通过案例分析总结新媒体营销的特征。

（2）分析此次营销活动运用了新媒体营销的哪种模式。

1.4.2 分析新媒体营销岗位

1. 实训要求

（1）分析新媒体营销岗位的工作职责。

（2）分析新媒体营销岗位的任职要求。

2. 实训步骤

（1）查阅相关资料。在百度、搜狗等搜索引擎，知乎、简书等新媒体平台，查找关于新媒体营销岗位的描述；再在BOSS直聘、智联招聘、前程无忧等招聘网站查找电子商务行业中关于新媒体营销岗位的招聘启事。

（2）分析新媒体营销岗位的工作职责和任职要求。将搜索到的关于新媒体营销岗位的描述与招聘网站中的招聘启事做对比，结合本项目所讲的知识分析新媒体营销岗位的工作职责；从专业、知识、经验和能力4个方面分析新媒体营销岗位的任职要求。

课后习题

一、单项选择题

1. 下面不属于新媒体特征的是（ ）。

A. 双向化　　　　B. 移动化　　　　C. 个性化　　　　D. 商业化

2. 新媒体时代要求企业具有互联网思维，下列说法不正确的是（ ）。

A. 互联网思维只是指互联网企业具有的思维

B. 互联网思维是消费者至上的思维

C. 互联网思维注重消费者的体验

D. 互联网思维注重产品和服务的有机结合

3. 对新媒体营销理解不正确的是（　　　　）。

A. 新媒体营销是依托新媒体平台开展的营销活动

B. 新媒体营销只包括企业通过新媒体平台售卖产品

C. 新媒体营销可以实现精准营销

D. 通过新媒体平台对消费者开展用户服务也是新媒体营销

二、多项选择题

1. 下列选项中，不属于新媒体的有（　　　　）。

A. 报纸 　　　　　B. 广播 　　　　　C. 楼宇广告 　　　　　D. 数字电视

2. 根据媒体的类型进行划分，可以将新媒体内容划分为（　　　　）等多种形式。

A. 文本内容 　　　　B. 图形内容 　　　　C. 音频内容 　　　　D. 视频内容

3. 新媒体营销的核心理论包括（　　　　）。

A. 趣味原则 　　　　B. 互动原则 　　　　C. 利益原则 　　　　D. 个性原则

4. 新媒体营销活动的营销方法有（　　　　）。

A. 口碑营销 　　　　B. 饥饿营销 　　　　C. 软文营销 　　　　D. 情感营销

三、判断题

1. 新媒体发展的货币化就是营利、赚钱，对于新媒体来说，越往后发展，越应该考虑如何营利。 （　　　）

2. 新媒体运营的基本能力主要包括文字功底和写作能力、设计和策划能力、营销能力、数据分析能力和多媒体剪辑能力等。 （　　　）

3. 新媒体不一定都是自媒体。 （　　　）

4. 新媒体的核心是及时和互动。 （　　　）

5. 新媒体的出现只会给我们带来更多的便捷，不会产生负面影响。 （　　　）

四、简答题

1. 新媒体营销岗位有哪些具体工作？

2. 新媒体营销的特征是什么？

3. 新媒体营销的内涵是什么？

新媒体营销定位

学习目标

● 了解新媒体营销用户定位
● 掌握新媒体营销用户定位的方法
● 了解新媒体内容定位
● 掌握构建用户画像的方法
● 掌握内容定位的流程
● 确保新媒体营销内容符合正确的价值导向

知识结构图

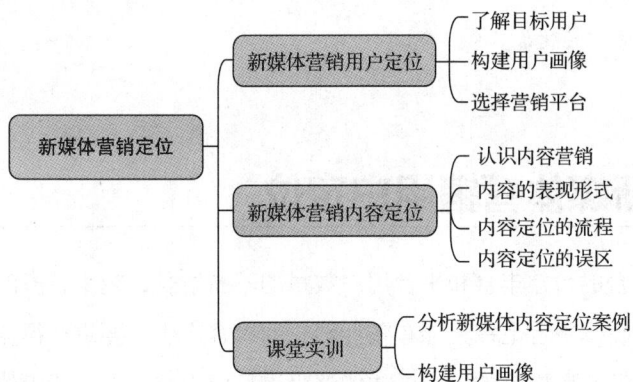

案例导入

元气森林的品牌定位

元气森林可以说是现在市面上比较受欢迎的一个饮料品牌。在2020年的"双十一"，元气森林的销售总瓶数超过2000万，超越常年霸榜的国际品牌，同时也斩获了天猫和京东水饮品类的销量第一。在此之前，从来没有一个新生的水饮品牌能够获得这样的成绩。

元气森林的品牌定位是互联网创新型饮品品牌，专注于为年轻人提供健康好喝的饮料。现在年轻人喝饮料除了注重口感，更加注重健康。元气森林抓住这个重点，以"0糖、0脂、0卡"为特色卖点，满足了年轻人对健康的需求。元气森林小清新风格的包装则满足了年轻人对高颜值的需求。

为了吸引年轻群体，元气森林长期活跃在自媒体平台上，后来更是通过名人进行推广。2022年开年都市悬疑剧《开端》和都市情感剧《我们的婚姻》中都植入了元气森林的广告。在抖音上，元气森林还开设了直播间。靠着定位精准的独特推广方式，这个创立短短几年的品牌硬是在饮料这个蓝海市场生生闯出了一条属于自己的道路，牢牢抓住了年轻人的心，成为业内的"黑马"。

案例思考：

元气森林的新媒体营销活动针对的是什么样的人群？说说元气森林选择了哪些新媒体营销平台。

案例启示：

元气森林的品牌定位是专注于为年轻人提供健康好喝的饮料。元气森林满足了年轻人对高颜值、健康、好喝的需求，而且是一个清新、新潮的饮料品牌，深受年轻人追捧。元气森林选择在年轻消费者群体聚集的地方下功夫，从互联网发力，将流量和消费者紧紧握在手中，实现了直接的交流、互动和转化。

2.1 新媒体营销用户定位

随着新媒体平台的日益丰富和平台用户数量的不断增长，越来越多的企业及个人进军新媒体营销领域。新媒体平台上每天都有各种形式的内容产生。要想获得竞争优势，就要先了解目标用户，然后做好用户定位，这样才能够吸引目标用户关注。新媒体营销用户定位就是在充分了解目标用户的基础上，设计营销内容，选择营销平台，实现精准营销，使营销效果最大化。新媒体营销用户定位包括了解目标用户、构建用户画像、选择营销平台3个步骤。

2.1.1　了解目标用户

近年来，新媒体平台用户数量在不断增长，用户结构也越来越复杂，因此，了解目标用户是非常重要的。新媒体环境下，目标用户既是信息的接收者，也是信息的分享者。目标用户不同，营销的方法和方向也会有所不同。用户定位就是要清楚不同用户的区别，从而有针对性地进行营销。

了解目标用户就是给用户"贴标签"，其最主要的作用是构建产品的用户画像。我们可以根据目标用户的属性标签、兴趣标签、场景标签、行为标签去了解他们。

1. 属性标签

用户的属性标签包括性别、年龄、文化水平、消费水平、职业、家庭角色等。用户需求除了受性别、年龄、文化水平影响，还受社会角色和家庭角色影响。例如，职场新人往往会更加关注职场社交及行业认知的信息，管理者往往会更加关注团队管理及提升个人领导力的信息，新手妈妈往往会更加关注育儿资讯，新婚人士往往会更加关注烹饪技巧和旅游资讯，等等。

2. 兴趣标签

用户的兴趣标签包括购物、教育、影音、游戏、金融理财等。微信广告从用户基础属性、短期行为及长期兴趣等维度对用户进行分析，提炼出17个用户兴趣标签，例如教育、旅游、金融、汽车、房产等，现已经开放给全量广告主选择使用。广告主还可以自定义用户的兴趣标签。

3. 场景标签

场景标签是用户使用产品的具体场景，包括机场、商圈、电影院、景区等。企业可以通过获取场景标签，分析用户在具体场景下的需求。例如，某款App为针对"90后"的运动软件，企业可以根据用户使用该App的场景标签，结合相应的场景来逐一思考在这些消费场景下是否有新的功能点。

4. 行为标签

行为标签是用户使用新媒体平台时，其行为所产生的数据，包括用户关注的信息、浏览记录、分享的信息、消费行为、消费记录等。通过了解用户的行为标签，企业可以了解目标用户的真实想法及行为偏好。

具体例子如下。

• 小明于21:00打开某App。

• 小明搜索丽江的风景照片并点击查看。

• 查看时小明发现有向下的箭头，点击后查看该图集的其他照片。

• 小明非常喜欢这些照片，点了赞，并将其分享到了朋友圈。

- 小明想看看更多关于丽江的照片，左滑进入作者的个人主页，浏览并点击查看。
- 小明发现这个作者发布了很多美景照片，并且其中有好多都是自己喜欢的，所以关注了这个作者。
- 不知不觉到了22:00，闹钟提醒小明该睡觉了，小明退出了该App。
- 第二天9:00，小明正在拥挤的地铁上打着瞌睡。小明昨天关注的作者发了新的视频，小明接收到了通知信息，点击信息打开了某App直接查看了最新视频，这是一条关于丽江的视频，小明看完后元气满满，倦意全无。此时，地铁到站，小明立即锁屏，下了地铁。

小明第二天为什么会收到通知信息呢？因为小明关注作者的信息被系统记录了下来，当该作者发布信息时，系统则会通知所有关注他的人，而小明也是其中之一。小明浏览美景照片的记录、分享照片的记录、关注作者的记录，都属于行为数据，并形成了行为标签。小明的行为标签包括启动App、浏览、查看图集、点赞、关注作者……

2.1.2 构建用户画像

用户画像又称用户角色，是一种勾画目标用户、联系用户诉求与设计方向的有效工具，其用浅显和贴近生活的话语将用户的属性、行为与期待的数据转化联结起来。构建用户画像时，首先对用户数据进行收集及清洗；然后对用户数据进行分析，形成用户标签并建模；最后呈现出用户画像。从用户画像的构建流程中，我们不难发现，用户画像是基于真实用户构建出的虚拟代表，能代表产品的主要受众和目标群体，具有代表性。

构建用户画像首先需要获取用户画像的来源，主要包括外部数据、内部数据和用户需求数据。

1. 外部数据

外部数据是通过对行业报告、其他企业的企业年报、分析机构的调研报告、其他企业的官方网站等进行数据的收集、整理和分析获得的。外部数据来源包括国家统计局、行业网站、百度指数、微信指数、艾瑞网等。

2. 内部数据

内部数据是指来自本企业运营平台的数据。内部数据包括从企业的官方网站、App、微信公众号、微博等处获得的数据，如点击率、复购率等。

3. 用户需求数据

用户需求数据是借助用户的诉求来确定用户画像的数据，包括用户在平台的留言、社群聊天内容、用户调查问卷数据等。例如，在某甜品公众号上，用户留言想知道每款蛋糕的馅料成分，那么我们就要在产品详情页中补充馅料成分表。

2.1.3　选择营销平台

在新媒体火热发展的当下，不同的平台聚集了不同的用户群体，企业要想发挥最大的营销效果，就要选择合适的营销平台。若企业实力和自身精力允许，可以多平台占位，多方引流，但选择的平台要与自身定位相吻合。需要注意的是，在任何平台发布信息都无法实现立竿见影的效果，新媒体运营者需要不断深耕细作，才可能产生营销效果。

1. 了解每个平台的特点

不同的平台具备不同的特征，在进行营销的时候，必须先了解每个平台的特点，如每个平台的粉丝群有何不同，平台的优缺点。就像小红书的用户集中在一、二线城市，抖音的用户庞大、覆盖面广，不同平台的用户群体具有不同的特征。

2. 使平台与自身定位相符

可以根据平台的用户及调性来选择营销平台。当不了解平台调性的时候，可以通过搜索平台热门文章并对文章进行分类、总结，归纳出平台的调性。今日头条上社会人群居多，其中新闻资讯、心灵励志类的文章更容易获得用户喜爱，小红书用户以高收入女性群体为主，生活购物类视频内容深受欢迎。

例如，一款新的化妆品的营销信息当然更适合发布在小红书这样的年轻女性社区平台；一款网红奶茶则可以同时在抖音、小红书这类用户群体更年轻的平台推广。不仅是看产品种类，产品的卖点也可以成为选择平台的关键因素。例如，传统凉茶的受众多为中老年人，所以往往会投放电视广告，而王老吉新推出的茉莉凉茶、柠檬凉茶等针对年轻消费群体的新品则选择了抖音这个年轻化平台，成功打造出"爆款"凉茶。

2.2　新媒体营销内容定位

对于新媒体营销而言，内容就是生产力，内容就是人的观点的集合。新媒体营销内容定位就是针对目标用户关注的兴趣点，创作优质内容并展现，从而吸引用户关注，形成转化或形成用户对品牌的认同。

2.2.1　认识内容营销

内容营销指的是通过图片、文字、视频、游戏等媒介进行合理的内容创建、发布及传播，向用户传递有价值的信息，传达有关企业或产品的相关内容，从而扩大品牌影响力、促进销售的一种营销方式。内容营销的表现形式可以是图片、文字、视频、游戏等，也可以是它们之间的组合；介绍内容之后附上链接或购买信息，用户如果感兴趣会直接进行购买。

由于新媒体平台包含海量信息，同质化问题严重，当一个热点事件发生后，无数的内容生产者都会争相制作相关内容，因而我们只有找到自己的特色，才能在众多的内容生产者中脱颖而出。

通过对内容营销的概念进行分析不难看出，内容营销实际上是对传统营销的创新和发展。内容营销的核心就是以内容取胜，以内容对用户的购买行为进行分析和引导，最终让用户的决策变得可控。内容营销能够实现这样的创新突破，主要是因为内容营销本身是对用户时间的争夺，体现了用户的价值观。

1. 争夺用户时间

在内容营销背景下，平台间的用户争夺已从对用户数量的争夺转变为对用户时间的争夺。要运用有趣、有价值、有针对性的信息，即优质的内容来吸引用户的关注并留住用户，这样才可能赢利。用户在一个平台、一个栏目、一篇文章上停留时间的长短，是评价其内容优劣的重要指标。

2. 体现用户价值观

人们会因为内容传达的认同感而消费，企业只有把握好用户的消费心理和内容质量，才能做好内容营销。用户的视角决定了平台的变化，而内容营销也是基于用户的需求而产生的。各大电商平台已被"90后""00后"这些年轻用户主导，他们更加关注产品所带来的价值，如是否能体现自己的个性，是否有助于提升生活品质，是否有趣，是否能为他们带来幸福感等。这些其实体现了一种消费上的价值观。企业要满足用户的需求，帮助用户找到符合他们价值观的产品，而不是便宜的产品。因此，企业应以图文、直播、短视频等各种形式帮助用户找到符合其需求的内容。从手机淘宝来看，内容营销在手机淘宝首页版面占比高达70%，流量占比则仅为30%，淘宝平台上的内容营销比比皆是。

▌2.2.2 内容的表现形式

传统的内容表现形式有报纸、杂志、书籍、电视、电影、广播、游戏、软件等，而互联网时代出现了很多新的内容表现形式，如营销文案、微电影、直播、用户评价等。在内容营销中，企业需要更多关注这些新兴的内容表现形式，但这些新兴的内容表现形式从本质上来说都是对传统内容表现形式的数字化。

从理论上说，内容产业中存在的所有内容表现形式都可以应用到内容营销来。按照内容产业的划分方式，可以把内容表现形式划分成以下几类。

1. 图文

传统图文包括杂志、书籍等。杂志是传统的内容表现形式之一，宜家、ELLE等许多大品牌都有自己的品牌杂志。在网络营销中，图文内容非常常见，尤其是在微信公众平台上。图文以文字和图片混合排版的方式给用户带来深度的内容并营造了很好的阅读体验，不仅能深化品牌内涵，也能带来很好的转化效果。例如，千禾味业在进行内容营销时，在微信公众平台以图文的形式教会用户看懂酱油瓶上的"营养标签"，将千禾酱油中盐和蛋白质的含量用图文的形式进行展示，成功将千禾酱油减盐、有一定的营养成分的卖点进行说明，更加直观。

数字图文是常见的内容表现形式之一，包括纯文字型、纯图片型、图文型等多种类型，可以出现在企业官网、自媒体平台等诸多渠道中。为了达到更好的营销效果，企业应该规划内容，提高影响力。方太官网的"厨FUN研究所"就围绕方太旗下的各种厨房电器创作了图文形式的系列文案，如图2-1所示。

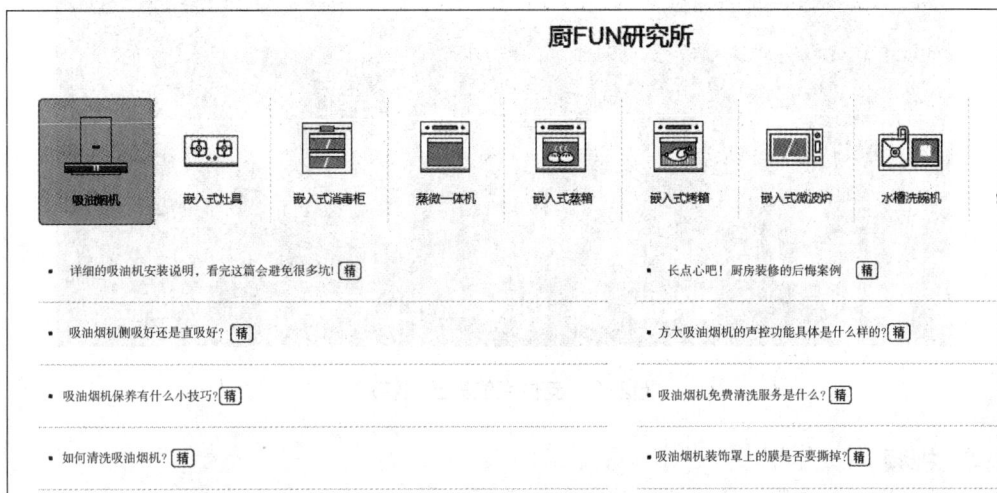

图2-1　"厨FUN研究所"系列文案

2. 音频

传统的音频包括广播、磁带等。在互联网时代，企业更多采用在线音频进行内容营销。在线音频主要是指除完整的歌曲外，通过网络媒体播放、下载等方式收听的音频内容，涵盖了新闻播报、有声小说、综艺娱乐、相声评书、情感生活、教育培训等类型。

音频传递信息的直观程度弱于视频和图文，但其有一个视频和图文无法比拟的优势，即可以"解放双眼"。随着移动设备的普及、语音控制技术的迅速发展，以及汽车保有量的提升，音频已经成为品牌宣传和提升价值的重要形式和选择之一，这种优势被迅速放大。同时，在视频及图文的长期轰炸下，用户出现视觉疲劳，转而投向音频的动机也明显增强。作为内容营销人员，及早发现并利用这一趋势，可以获得一个极好的弯道超车机会。

3. 游戏

游戏营销是品牌触达不少男性用户的有效途径。游戏营销可以分为游戏内置广告和游戏内容营销。游戏内置广告体现的是一种典型的传统营销思维，游戏内容营销则符合内容营销思维。

游戏内置广告是一种在游戏中植入广告的营销方式。例如，将广告高度集成在游戏的广告牌、店面招牌、海报、服装、车辆、武器等场景中，或使其出现在游戏加载间隙，类似于电视剧的中插广告。

游戏内容营销在国外已经发展得非常成熟。近年来，国内游戏内容营销发展得也非常迅速，特别是在移动端利用H5、AR等技术进行游戏内容营销尤为火爆。刷屏的H5小游戏层出不穷，春节期间支付宝集五福拼手气抢红包的游戏也是年年火爆，如图2-2所示。

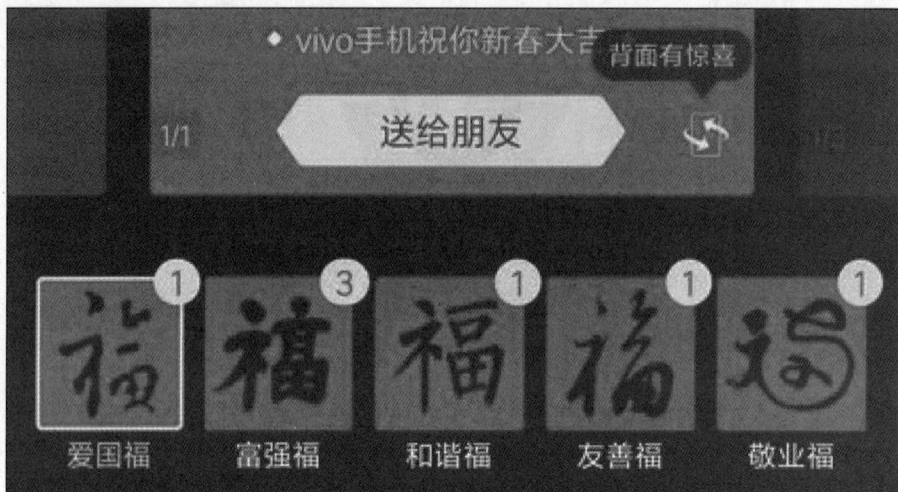

图2-2　支付宝的集五福游戏

4. 视频

视频可以出现在电视、电影、视频平台、直播平台等诸多渠道中，视频型内容是近年来成长最快的内容类型，也被各大咨询公司预测为未来主流的内容形式。

根据中国互联网络信息中心（CNNIC）、中商产业研究院的数据统计，截至2022年12月，我国网络视频（含短视频）用户规模达10.31亿，较2021年12月增长5586万，占网民整体的96.5%。其中短视频用户规模为10.12亿，较2021年12月增长7770万，占网民整体的94.8%。

2.2.3　内容定位的流程

内容定位的流程如下。

1. 明确创作的内容

（1）了解目标用户

对目标用户的了解越深入，创作的内容就越受欢迎，也越容易得到响应。因此在策划内容之前，要先做好目标用户的定位。目标用户是谁？目标用户住在哪里？目标用户的消费水平如何？目标用户的需求是什么？在了解目标用户之后再去创作内容，才能赢得目标用户的喜爱。例如，一家户外园艺设计工作室要进行内容营销，首先需要分析其目标用户是谁，目标用户需要什么服务，以及目标用户的性别、年龄、收入、所在地域、家庭情况等。经过分析得出，其目标用户以中高收入水平家庭中的家庭主妇为主，因此内容的打造应围绕其需求来进行。

（2）站在用户的角度去解决问题

用户不会主动关注产品有多惊艳、企业有多知名，用户关注的是自己的需求能否被满足、问题能否被解决，也就是说企业打造内容要有用户视角。一味推销产品，结果只能是自说自话。企业要在了解用户的基础上，分析用户的需求，然后提出为用户解决问题的方案，并为他们提供帮助。

仍然以户外园艺设计工作室为例，中高收入水平家庭中的家庭主妇喜欢私家花园，梦想着拥有庭院，但问题是拥有庭院的成本很高。那么在现有居住条件的基础上营造出庭院的感觉就是用户的需求。解决方案是用植物和花架的巧妙搭配来营造庭院感。用户的问题又产生了："我不会养植物，也没有时间养植物。"

工作室提供的内容可以是各种风格的阳台设计方案，以文字介绍加图片的形式展现，形成视觉冲击力，让用户眼前一亮；也可以是适宜在家中种植、生命力强的植物名单及图片，解决用户养植物难的困扰；还可以是提升阳台美观度的配饰，为用户提供设计灵感。

2. 选择合适的渠道

不同的创作者选择的渠道不同。选择渠道时可以是以内容转化率最高为原则，也可以进行全网络整合，覆盖不同平台的粉丝，让其都能看到自己投放的内容，促进转化。自媒体人经常通过微博、今日头条、微信公众号等新媒体平台投放内容，淘宝达人通常在淘宝系渠道，如淘宝头条、有好货、微淘等频道投放内容。

3. 选择合适的投放时间

（1）对整年的内容投放时间统筹规划

列出重要的时间节点，比如"双十一"、"6·18"、春节等重大节日，根据产品的类型和用户群体的特点，分析需求量最大的时间节点，提前做好内容策划，抓住时机进行营销。可以在暑假前策划暑期出游线路并根据内容搭配相关的机票、酒店等出游产品。暑期是出游高峰，这样做往往能达到很好的转化效果。

（2）对每日的内容投放时间进行计划

在用户有空进行浏览的时间段发布内容会起到事半功倍的效果。通常在7：00—8：00、11：00—14：00、17：00—19：00、20：00—22：00等时间段发布的内容更容易被用户关注到。据相关人员统计，在点击量超过10万的文案中，有80%发布于21：00—22：00。

（3）固定内容更新频率

为增强用户黏性，确保品牌和产品被更大限度地曝光，内容最好保持每日更新。对于短视频创作者来说，如果每日更新难度太大，就要确保更新频率固定，比如每周更新一次，从而使用户养成按时查看的习惯。内容更新得较慢很容易使用户流失。

▌2.2.4 内容定位的误区

新媒体营销从业人员做内容定位的时候需要注意避免陷入以下误区。

1. 发文形式选择不当

合理的发文形式能让内容增值，因为用户喜欢浏览内容与形式完美结合的信息。假如发文形式没选对，营销效果就会大打折扣。比如，向阅读能力不够强的低龄用户推送长微博，就难以吸引他们的注意力，甚至会遭到他们的反感。

2. 文不对题

很多新媒体营销从业人员为了吸引用户点击，采用足够吸引人眼球的标题，但内容和标题完全不吻合，这反而会引起用户的反感。任何优质内容都是以扣题为大前提的，一旦文不对题，内容就会失去价值。

3. 信息不全

新媒体用户的时间宝贵、注意力有限，因此不能搞长篇大论，精简易读的内容更受他们欢迎。但是，有的新媒体营销从业人员只顾迎合用户的碎片化阅读习惯，而没有做好内容加工，导致展示的信息不够完整和有深度，这也会影响营销效果。

素质园地

当前，我们必须要重视新媒体的职能发挥，不断强化内容建设，让新媒体成为传播社会正能量的重要阵地。

建立健全新媒体话语体系，促进主流价值观的传播。在网络媒体生态当中，新媒体既要为用户提供更具时代气息的鲜活性话语，也要提升媒体内容的权威性，确保新媒体内容符合社会主义核心价值观的价值导向。一方面，应加强对新媒体从业人员的价值观教育，提升新媒体在网络平台中的话语权，为构建良好网络生态提供必要的价值支撑。另一方面，应把握国家的大政方针与社会民生，将宏观政策精准地传递给用户，并在此过程中增强与用户之间的内容连接，树立起权威可靠的形象，进而提升新媒体在网络舆论引导中的话语权。

尊重新媒体信息传播的客观规律，有序引导网络舆论。新媒体营销遵循特定的发展规律，新媒体内容制作加工必须充分考虑新媒体自身特征，创新内容呈现形式，形成舆论引导合力。一方面，要注重"沉浸"式媒体环境的塑造，提升用户对内容的接受度。例如，新媒体应充分利用短视频、知识付费等多种方式进行内容深加工，营造出新媒体传播的引导模式，顺应用户变化的媒介使用喜好。另一方面，新媒体也要敢于破除唯市场论的负面效应，坚守网络舆论底线，把握网络舆论事件本质，引导受众回归舆论理性，遏制负面舆论的蔓延。

2.3　课堂实训

2.3.1　分析新媒体内容定位案例

大数据在安踏品牌的网络营销中起到了极为重要的作用，安踏依托大数据挖掘技术，掌握更多潜在的营销"痛点"，使得安踏的营销定位精准度更高。

在大数据挖掘技术的支持下，安踏通过各种数据的汇总和分析，将消费群体的年龄区间、消费偏好、习惯价位、购买时间等要素精准提炼出来，结合安踏品牌的产品属性，重新确认营销定位，使营销定位精准度更高。2019—2021年，安踏品牌通过网络营销使销售额每年都以25.4%左右的速度增加，这说明大数据挖掘技术对安踏品牌新媒体营销起到了极大的支持作用，营销定位符合产品销售要求。

"众口难调"一向是营销领域的难点所在，安踏将消费者的个性化需求作为关注重点，依托智能分析系统为其提供服务。在数据服务体系支持下，安踏品牌可以获取所有到店人员的用户画像，用户画像准确地描述了消费者的年龄、喜好及具体的需求点，安踏根据需求差异进行个性化服务，让消费者有一种"被理解"的感觉，提升他们的体验感。

1. 实训要求

（1）分析安踏品牌的内容定位。

（2）分析大数据在安踏品牌的网络营销中的作用。

2. 实训步骤

（1）进一步查阅相关资料，了解安踏品牌网络营销的具体内容。

（2）分析安踏品牌网络营销的内容定位，以及大数据在其网络营销中发挥的作用。

2.3.2　构建用户画像

1. 实训要求

（1）分析安踏的目标用户。

（2）构建安踏的用户画像。

2. 实训步骤

（1）查阅相关资料。在百度、搜狗等搜索引擎，小红书、抖音等新媒体平台，查找与安踏的内容营销相关的资料，搜索安踏在天猫上的销售数据。

（2）根据收集的安踏的资料，分析目标用户的4个标签，分别从内部数据、外部数据、用户需求数据3个方面，构建安踏产品用户画像。

课后习题

一、单项选择题

1. 将内容营销运用到电商环境下，（ ）是核心。

A. 内容   B. 细节   C. 数据   D. 客户自证

2. 关于内容营销创作的说法，不正确的是（ ）。

A. 跟着用户需求走   B. 坚持原创，走出同质化

C. 打造个人IP，形成独特标签   D. 展示个性

3. 关于内容定位的说法，正确的是（ ）。

A. 向阅读能力不够强的用户推送短微博

B. 行文内容和标题不吻合

C. 向比较严肃的用户推送恶搞的内容

D. 注意到用户碎片化的阅读习惯，内容信息可以不完整

二、多项选择题

1. 内容营销的形式有（ ）。

A. 音频   B. 图文   C. 视频   D. 游戏

2. 新媒体环境下，了解目标用户的行为可以从（ ）方面着手。

A. 地理位置   B. 点赞   C. 浏览记录   D. 职业信息

3. 构建用户画像的来源主要包括（ ）。

A. 百度指数   B. 平台内部数据

C. 用户需求   D. 微信指数

项目
3

新媒体营销策划

学习目标

● 了解新媒体营销策划的概念及内容

● 熟悉新媒体营销策划的理论和方法

● 掌握新媒体营销策划的流程

● 掌握各种新媒体营销策略策划的执行模式

● 掌握新媒体营销策划技巧

● 能够基于营销目标合理选择新媒体营销的策略模式

● 能够运用正确的方法完成新媒体营销策划

● 培养并践行社会主义核心价值观

知识结构图

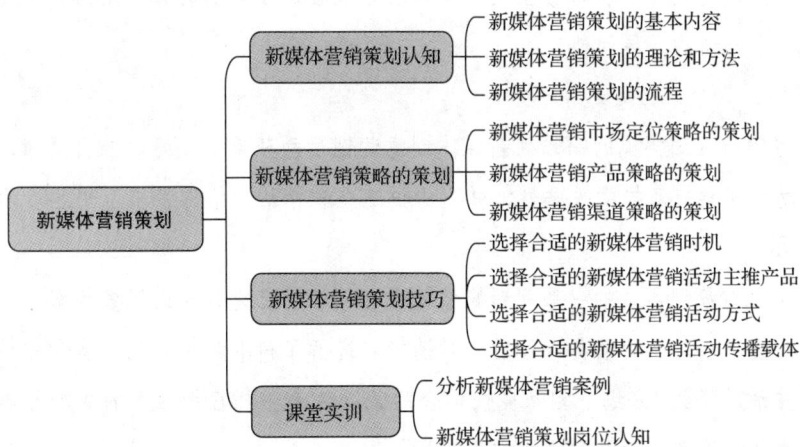

案例导入

三星堆博物馆的新媒体创意营销

被誉为"世界第九大奇迹"的三星堆遗址，在出土了青铜大立人、青铜人面像、青铜面具等众多惊艳世人的文物后名声大振。为了将珍贵的文物和当中独特的传统文化传承下去，三星堆博物馆以极具前瞻性的眼光和策略，开展了一系列创新营销活动，赢得了全国的瞩目。

2020年，处于闭馆状态的三星堆博物馆率先进行数字化采集，制作出沉浸感十足的VR（Virtual Reality，虚拟现实）云展厅，并以直播形式在线展示改造后的三星堆综合馆，让身在家中的游客得以云逛博物馆。这是三星堆博物馆首次利用现代技术突破陈展边界。有了这次成功的经验后，三星堆博物馆更是联合中国国家博物馆、敦煌研究院、苏州博物馆等7个博物馆，共同开启了博物馆"云春游"直播，引起了热烈的社会反响。

与此同时，三星堆博物馆以"致敬传统、创意生活"为创意理念，围绕文化创意开发、制造销售和品牌营销建立了核心产业链，抢先与多家文创企业进行合作，开发出多种文创产品，如文物饼干、面具电视台等，颇受消费者追捧。其中，三星堆"祈福神官"盲盒还获得了"2020中国旅游商品大赛"银奖。三星堆博物馆通过推出IP文创衍生品，让传统文化真正走进大众的生活。

随后，三星堆博物馆淘宝店开业，三星堆博物馆便全面融入电商时代，并打造出了"电商+官微+实体店"的IP价值发掘体系。

2021年"五一"假期期间，三星堆博物馆推出了"出土味"（巧克力味）和"青铜味"（抹茶味）的"青铜面具"雪糕。雪糕一经推出就通过众多网络平台实现了广泛的传播并引起了网友的热烈讨论，更是掀起了各大景区纷纷推出"文创雪糕"的热潮。

一直以来，三星堆博物馆都在寻求突破与创新，通过"现代科技+新媒体创意营销+文创开发"的思路，把传统文化以符合当代人喜好的方式带进了人们的日常生活，以再次激发文物活力，并带来了全新的发展动能。

案例思考：

三星堆博物馆策划实施的一系列新媒体创意营销活动获得了较好的社会反馈，请简单分析这些营销活动之间具有怎样的关联性，并说一说这些营销活动给你带来了哪些启示。

案例启示：

三星堆博物馆策划实施的一系列新媒体创意营销活动都充分借助了各新媒体平台的传播特点，在深度挖掘受众群体的消费心理后，对消费者进行了精准触达，利用多种营销手段借势、造势宣传，并形成了线上+线下相互良性融合的营销效果。其营销活动的成功并非偶然，而是得益于统筹的全盘策划和精准到位的方案实施。

3.1 新媒体营销策划认知

策划是一项复杂的社会活动，通常指个人或组织为达到某一目的，在市场调查和环境分析的基础上，基于现实条件，通过运用相应的方法或规则，对未来即将发生的事情进行系统、周密、科学的预测，并围绕特定的目标，就应该做什么、如何做、何时做、由谁做而制定系统的、可行的方案的行为。

策划作为一项常见的大众性行为，随着时代的进步与环境的改变，被不断赋予新的意义和内容。在新媒体时代背景下，营销活动逐步覆盖各个媒体渠道，策划活动也随之不断丰富和扩充。

3.1.1 新媒体营销策划的基本内容

新媒体营销策划包含众多内容，需要在掌握基本原则的基础上，根据实际情况来开展相应的工作。

1. 新媒体营销策划的概念与内涵

新媒体营销策划是指企业在利用新媒体开展市场营销活动的过程中，围绕既定目标，在充分调查、分析营销环境的基础上，以遵循市场发展的规律和充分利用新媒体平台的优势为原则，制定出可行性较强的创意执行方案，并付诸实践的活动过程。要理解新媒体营销策划，需重点明确以下几个关键点。

首先，新媒体营销策划是新媒体营销管理的核心；其次，新媒体营销策划是解决新媒体营销过程中某一问题的创意思维；再次，新媒体营销策划是从新媒体营销方案的构思、实施到评价的规范程序和科学方法；最后，新媒体营销策划实现的是"导演"的功能，其主要工作是利用各种方法制造轰动效应，取得消费者的支持和欢迎。

在新媒体营销策划的过程中，创意设计是极其重要的环节。从一定程度上讲，创意设计是否新颖、合理，是新媒体营销策划能否取得成功的关键。

2. 新媒体营销策划的内容

新媒体营销策划主要由市场环境分析、消费者心理分析、产品分析、营销媒体平台的选择和具体实施方式等5个方面的内容组成。

（1）市场环境分析

市场环境分析是新媒体营销策划工作的基本前提。市场环境分析主要是对影响和制约新媒体营销策划的一切内部条件和外部环境的分析，主要目的在于了解产品的潜在市场和竞争对手的相关信息。市场环境包括微观环境和宏观环境两个方面。微观环境主要包括与产品相关的供应商、中间商、消费者、竞争者，以及社会公众等直接影响营销能力的参与者等要素；宏观环境则相对广泛，包括人口、经济、政治、法律、科技、社会文化及自然地理等方面。

（2）消费者心理分析

市场营销学家将消费者的购买动机和购买行为概括为6W和6O，即市场需要什么（What）——有关产品（Objects）是什么，为何购买（Why）——购买目的（Objectives）是什么，购买者是谁（Who）——购买组织（Organizations）是什么，如何购买（How）——购买组织的作业行为（Operations）是什么，何时购买（When）——购买时机（Occasions）是什么，何处购买（Where）——购买场合（Outlets）是什么。这些也是进行新媒体营销策划时需要针对消费者进行重点分析的内容。只有掌握了这些基本信息，才能够选择合适的平台，制定出针对性较强的策划方案。

（3）产品分析

产品分析主要是针对产品的功能、形态、成本、品牌等方面所具备的优劣势的分析。对于品牌具备的不可替代的核心优势，要充分放大，以提升核心竞争力。另外，在做好自身产品分析的同时，还要做好竞品分析，即要对现有的或潜在的竞争产品的优势和劣势进行综合评价。只有做到知己知彼，才能因材施策，才能利用合适的传播媒体将产品精准地销售给合适的人群。做产品分析的时候可以通过SWOT分析法来对产品的优劣势来进行全面的分析。

（4）营销媒体平台的选择

新媒体营销强调的并不是片面的媒体平台全覆盖，而是以精准营销为目标，合理选择某个或某些媒体平台，开展针对性较强的营销活动。因而，在进行新媒体营销策划时，必须要根据企业和产品自身的实际情况，在兼顾消费者偏好的前提下进行适当的媒体平台选择。例如，如果消费者是年轻人，所选择的媒体平台就应该具有时尚、前沿的特性，如抖音、微博等平台，这样的选择才更具针对性。

（5）具体实施方式

实施方式是新媒体营销策划的最终落脚点，也是实现营销目标的载体。实施方式包含目标分解、策略布置、组织领导、平台选择、舆论宣传、应急预案、费用预算等多个方面的内容。这部分内容是本项目的学习重点，将在后续的章节中进行具体介绍。

3. 新媒体营销策划的基本原则

新媒体营销策划作为传统营销策划工作在新时代背景下的创新性延伸，需要遵循以下基本原则。

（1）战略性原则

营销策划工作一般都是基于企业的战略规划而对企业营销目标、营销手段进行的事先设计，并作为战略规划的重要组成部分而存在，同时还将作为营销指南对企业整体的营销工作进行方向性的指引。因此，进行新媒体营销策划，必须从战略的高度去审视。新媒体营销策划是营销策划工作的一个新方向，其在战略高度上应处于不容小觑的核心地位。

（2）创新性原则

有创意、方式新是营销策划工作的核心原则。新媒体营销策划强调的是对多种新媒体平台的有效整合，以合适的手段完成合适的营销。由于手段的选择比较多，创新空间自然也比较广。当前，在信息化时代下，个性化的消费需求逐步走上了主流舞台，企业想要更好地满足不同的个性需求，就必须以创新的方式，将从前简单的线性思维转变为复合性思维，将封闭的思维转变为发散思维，将孤立的、静止的思维转变为辩证的、动态的思维，以此来不断探索新的营销途径。

（3）实践性原则

营销策划是一项实践性较强的工作，新媒体营销策划要体现出实际价值，就需要在创新思维的指导下，围绕营销目标，依据特定资源，提出切实可行的策略。同时，新媒体营销策划要尽量减少不必要的人力、物力、财力浪费，不盲目追求媒体平台的全覆盖，而是要精准覆盖，以免浪费。

3.1.2　新媒体营销策划的理论和方法

1. 新媒体营销策划的理论

新媒体营销策划主要是基于以下理论展开的。

（1）CIS理论

CIS（Corporate Identity System，企业形象识别系统）理论主张将企业理念、企业文化、企业行为及企业视觉标志通过统一设计加以整合，强化传播效果，使企业迅速提升自身的知名度、美誉度和公众认可度。

（2）USP理论

USP（Unique Selling Proposition，独特的销售主张）理论注重对产品聚焦，强调产品自身的原有差异或创造性差异，要求向消费者说出一个"独特的销售主张"。

（3）4P理论

4P理论是从企业的角度出发，注重产品导向，从产品（Product）、价格（Price）、渠道（Place）和推广（Promotion）4个方面，为企业的营销策划提出基本的框架。

（4）4C理论

4C理论是在4P理论的基础上，将出发点由企业的立场转变为消费者的立场，强调消费者（Customer）、成本（Cost）、便利（Convenience）和沟通（Communication）对产品营销的重要性。

（5）AISAS营销法则

该法则是在新媒体营销环境下提出的。法则中的第一个A（Attention）代表引起注意，I（Interest）代表产生兴趣，S（Search）代表主动搜索，第二个A（Action）代表付诸行动，

S（Share）代表口碑分享。该法则强调通过引起消费者的注意，使消费者对产品产生兴趣，开始主动搜索产品的相关信息，进而产生购买行为，并通过网络进行分享。其中，网络分享可以影响其他潜在消费者，引起多方关注，进而使其产生兴趣、主动搜索，甚至购买再分享。

（6）STP理论

该理论中，市场细分（Market Segmenting）、目标市场（Market Targeting）和市场定位（Market Positioning）被称为构成企业营销战略的核心三要素。该理论是进行新媒体营销策划的基础性支撑理论之一。

除以上所列举的经典理论外，还有波特竞争理论、SWOT分析法、5W2H法、马斯洛需求理论、定位理论和品牌形象论等诸多理论都对新媒体营销策划具有较大的影响，此处不赘述。

2. 新媒体营销策划的方法

常用的新媒体营销策划方法主要有以下3种。

（1）程序法

按照一定的程序进行营销策划，这是新媒体营销策划的基本方法。按照程序法的要求，进行市场营销策划一般经历确定策划目的、收集和分析策划信息、创意构思与提炼、制定策划方案、方案评估与论证、实施与控制策划方案和测评策划效果7个阶段。

（2）焦点创意法

策划创意的过程中，可以先抛开策划的主题，将与主题有一定联系，但处于不同领域中的各种事物的相关要素与特征列举出来，再将其一一与主题连接、思考并提出创新性意见的方式，称为焦点创意法。新媒体营销策划时，采取这种从主题的周边开始思考的方法，经常会产生一些不易出现的、独特的营销创意。

（3）模型法

新媒体营销策划时，有时也可以利用现有的模型进行策划。因为模型本身已经经过检验、判断和逻辑分析，并通过实践证明在某些情况下是成功的。利用模型进行策划更为简便，因此模型法是企业进行新媒体营销策划的重要工具。该方法常用的模型有预测模型、新产品开发模型、定价模型、物流决策模型、广告决策模型、推销员管理模型、促销组合决策模型和购买者行为研究模型等。

3.1.3　新媒体营销策划的流程

营销策划是一个科学的运作过程。通常情况下，新媒体营销策划可以按照以下流程执行。

（1）了解现状

新媒体营销策划工作开始前，需要对市场现状进行整体了解，因为只有充分掌握了企业和产品的相关情况，才能为后续的策划工作打下基础。所需了解的现状大致包括：市场形势，即不同地区的销售状况、购买动态及可能达到的市场空间；产品情况，要着重了解产品有待改进的方面；竞争形势，即竞争产品的市场占有率、竞争对手采取的营销战略等内容；分销情况，即各经销商的销售现状及未来变化趋势；宏观环境，即政策导向、市场发展趋势等；平台发展，即各新媒体平台当前的发展现状及营销特点。

（2）分析情况

在对市场现状有所了解后，必须对市场、竞争对手、行业动态等内容进行较为客观的分析，以完成营销策划工作。分析的内容主要包括3个方面：机会与风险的分析、优势与劣势的分析，以及结果总结。企业要通过对整个市场进行全盘考虑和分析，为后续工作打好基础。情况分析是一个去粗取精、去伪存真的过程，是新媒体营销策划的前奏。

（3）制定目标

能否制定切合实际的目标是新媒体营销策划能否成功的关键。目标过高，会使新媒体营销策划方案过于浮夸而脱离实际；目标过于保守，不利于新媒体营销策划效用的最大化发挥。因此，要从实际情况出发，合理明确新媒体营销的具体目标。这个目标主要包括两个方面：一方面是企业整体目标，如短期利润最大化、提高市场占有率、提升企业形象等；另一方面是具体营销目标，即通过新媒体营销策划的实施，在预期收入、利润率和市场占有率等方面有所提升。

（4）制定营销策略

新媒体营销策划必须围绕已制定的目标进行统筹安排，并结合企业或产品的特点制定可行的新媒体营销策略。营销策略包括目标市场定位策略、产品策略和渠道策略。各策略应该如何制定，会在下一节进行具体的介绍。

（5）制定行动方案

根据以上的分析及目标、策略的制定，需要围绕时间安排、组织协调，特别是新媒体平台选择等方面，对所策划的活动提出具体的实施计划，整体的活动安排在时间和空间上也要做到合理搭配、统筹兼顾。

（6）预测效益

在新媒体营销策划过程中，要提前编制一个类似于损益报告的预算书，在预算书的收入栏中列出预计的单位销售数量及平均净价；在支出栏中列出划分成细目的生产成本、储运成本及市场营销费用；收入与支出的差额为预计盈利。预算书可以为有关部门和有关环节对采购、生产、人力及新媒体营销工作的安排提供依据。

（7）设计控制和应急措施

在新媒体营销策划中设计控制和应急措施的目的是便于及时对策划方案的执行过程进行管理，事先充分考虑可能出现的各种困难，做到防患于未然。控制和应急措施中可以简要地列举出最有可能发生的某些不利情况，并指出有关部门与人员应当采取的对策。

3.2 新媒体营销策略的策划

营销策略的策划是企业为了实现一定的营销目标，在对企业的内外部环境和营销现状予以准确分析，并在有效运用企业资源的基础上，对一定时期内的企业营销活动的目标、方针、具体实施方案等方面的预先设计和谋划。新媒体营销相对于传统营销而言具有一定的特殊性，因而在进行新媒体营销策略策划时，必须考虑到新媒体在传播方式、影响力等方面对整体营销策略的影响，合理明确目标并选择适当的营销策略来推动营销计划的全面实施。

3.2.1 新媒体营销市场定位策略的策划

找到适合自身的目标市场，然后根据目标市场的特点来确定营销策略，这个过程就是市场定位策略的策划。新媒体营销策略的策划应该从市场定位策略的策划做起。

1. 新媒体营销市场定位策略的作用

市场定位是指产品、品牌或企业被目标群体所认可的某种独特的价值形象。设定市场定位策略时可以依据产品属性、产品用途与使用场合、目标群体的类别及其利益与价值来具体实施。

市场定位策略能够创造差异，有利于增强企业的竞争力。新媒体营销市场定位策略的合理设定，有助于企业及其产品取得并维持独特的市场地位，以便其为消费者提供差异化的产品或服务，因而新媒体营销市场定位策略在企业营销策略中占有重要位置，是新媒体营销策划的基础。

2. 新媒体营销市场定位策略的执行模式

根据新媒体营销的特点，新媒体营销市场定位策略的执行模式主要包括统一定位模式、集中定位模式和差异定位模式。

（1）统一定位模式

统一定位模式是指产品营销不需要进行市场细分，而是将所有消费者都作为目标群体的一种新媒体营销方式。这种定位模式普遍用于物资匮乏、产品供不应求的卖方市场，消费者需求无差异的产品（多为生活必需品）的销售多采用这种定位模式。这种定位模式的优点是可以降低生产成本，节约销售费用。这种模式下媒体平台的选择面比较广，要以节约成本为前提进行广泛传播。

（2）集中定位模式

集中定位模式是指针对为某一特定细分市场开发的特定产品，制定特定的新媒体营销方案。资金有限的企业无法在较大的市场上争取份额时，多采取集中定位模式，通过合理的新媒体平台的选择，在某一个或者某几个小的细分市场上取得独占地位或较高的市场占有率。这种定位模式的优点是能减少市场竞争、节约资金。其缺点是不能保证新开辟市场的成功，集中定位的市场一般都比较小，进行投入市场风险比较大。针对这种定位模式，一定要根据细分市场，以精准性和经济性为原则，合理选择与细分市场的潜在消费者特点相符的新媒体平台。

（3）差异定位模式

差异定位模式是指企业针对多个细分市场分别设计不同的产品和不同的新媒体营销方案来占领这些细分市场。这是当前企业普遍采用的一种定位模式，也称多角化定位模式。这种模式的优点在于不同的细分市场可以选择不同的营销策略，因此企业命运并不由一个细分市场决定，也可以降低企业经营的风险。当然，这种模式的缺点也比较明显：一是为了维持多个细分市场的产品生产和新媒体营销而增加了经营成本；二是因为企业在各个细分市场都要占有一席之地，所以在各个细分市场的份额一般都不大，市场相对比较脆弱；三是因为资金分散于各个细分市场，新媒体平台的选择会有所限制，从而使得市场开拓深度不够。针对这种定位模式，应该根据各个细分市场的目标群体的特点，选择针对性较强的一个或多个新媒体平台，以实现对各个细分市场的精准覆盖。

3.2.2 新媒体营销产品策略的策划

产品策略是市场营销策略中的基础策略，在新媒体营销策划过程中占有重要的地位。传统产品策略的策划，主要强调产品的开发、上市、销售至退市的全过程、全方面的策划，在内容上比较注重新产品的上市、品牌与包装的策划等方面。新媒体营销产品策略的策划将立足传统理论，强调基于各新媒体平台的特性与优势，进行全过程内容策划。

1. 新媒体营销产品策略的作用

在新媒体发展的背景下，由于消费者的需求特征在个性化、人格化和定制化上表现得更加突出，企业只有更加强调以消费者为中心，顺应消费者的动态需求，其产品才能与消费者的个性需求相匹配，才能得到消费者的认可。在整个过程中，新媒体平台将会为产品的营销提供全方面的支撑。在产品的开发与生产阶段，企业可以利用新媒体平台产生的大数据来了解消费者的消费行为，从而了解消费者的产品需求，以完成个性化产品的设计和开发。另外，在产品上市和销售的过程中，企业可以充分利用各式新媒体平台，直接或间接地将有关信息及时、精准地传递给消费者。

2. 新媒体营销产品策略的执行模式

常见的新媒体营销产品策略执行模式主要有新品开发策略模式、产品组合策略模式、品牌建设策略模式和生命周期阶段性推广产品策略模式。

（1）新品开发策略模式

新产品开发是一种常见的产品策略，在具体执行过程中，可以采用改进、仿制、差异化和补缺等方式来完成。改进即依据现有的设备和技术能力，对现有产品进行进一步的优化和完善；仿制即仿造竞争者的新产品，对自有产品进行创新和改进；差异化即企业基于对同类产品的分析，研发出与其具有差异的产品；补缺即企业针对市场当前急需的产品进行研发生产，以快速占领市场。无论采用以上哪种方式，企业都可以基于新媒体平台来完成产品的需求分析及后期的推广、宣传。

（2）产品组合策略模式

产品组合是指企业在一定时期内生产或经营的不同产品线、产品项目的组合。产品组合因宽度、长度、深度和关联性不同，可以形成全线全面型、市场专业型、产品线专业型、特殊产品专业型和有限产品型等不同类型的产品组合。然而，由于市场环境及消费者的需求是在不断变化的，因此企业可以利用新媒体平台产生的数据来合理调整产品组合的宽度、长度、深度和关联性，以实现产品组合与市场需求之间的动态平衡。

（3）品牌建设策略模式

品牌是一种重要的无形资产，做好品牌建设，有助于对产品的价值进行无限放大，以帮助企业获得更多收益。通常，品牌建设包含从命名品牌到品牌标志设计、发展品牌定位到品牌推广等一系列过程。品牌建设过程中会用到生产者品牌策略、中间商品牌策略、多品牌策略、单一品牌策略、主副品牌策略、合作品牌策略和品牌延伸策略等不同的策略，新媒体在品牌建设过程中发挥的作用主要集中在品牌推广阶段。新媒体的精准化推送有助于消费者在形成一定的品牌偏好的基础上，建立良好的品牌忠诚度，以帮助企业扩大产品组合或延伸产品线，保持良好的竞争优势。

（4）生命周期阶段性推广产品策略模式

产品进入市场后，其销量和利润都会随着时间的推移而改变，通常呈现出由少到多再由多到少的过程，这种现象被称为产品的生命周期现象。典型的产品生命周期一般分为投入期、成长期、饱和期和衰退期4个阶段。投入期产品销量低，促销费用和制造成本较高，利润较低。针对这一特征，要结合不同新媒体平台的特性，有针对性地选择进入市场的时机，把销售力量直接投向最具消费潜力的消费者。在成长期，消费者对产品已经熟悉，消费习惯也已形成，产品销量迅速增长。此时，要利用各新媒体平台，特别是新媒体平台的互动特性来增加与老顾客的互动，以促成重复购买。同时，由于销量的增加，产品市场细分开始明显，企业要适度增加分销渠道，并利用新媒体平台做好推广、引流工作。进入饱和期后，产品销量增长缓慢，逐步达到最高峰，然后缓慢下降，利润也从成长期的最高点开始下降。此时，要充分发挥新媒体平台的特点，适当选取多个新媒体平台，通过组合效应，努力延长产品饱和期。来到衰退期后，产品销量急剧下降，利润降低，市场结构发生变化。此时，要利用好新媒体平台的数据统计和信息反馈功能，研究如何完成市场收缩，选择合适的退出市场的时间，并为下一阶段的产品推广做好铺垫。

3.2.3 新媒体营销渠道策略的策划

渠道策略是新媒体营销策划中不可缺少的一部分。渠道策略的关键在于实现产品在空间上的位移和实际的交付。新媒体营销渠道策略的策划就是利用不同新媒体平台的特点，实现产品生产者、分销商和消费者的有效串联，推动产品由生产者到消费者的顺利传递。

1. 新媒体营销渠道策略的作用

新媒体营销渠道策略的实施有助于企业通过渠道建立一系列的信息反馈机制，了解产品的市场销售情况、消费者的反应、竞争者的行动及营销策略的有效程度等。这些有效的市场信息有助于企业分析消费者的实际需求，重新确定目标市场并精准定位目标群体，确定最佳的营销组合，找到渠道最佳接触点，适时调整分销渠道的长度、宽度和经营结构，从而不断降低销售成本，增加利润。

2. 新媒体营销渠道策略的执行模式

新媒体营销渠道策略的执行模式主要有松散型营销渠道模式、整合型营销渠道模式和新兴营销渠道模式3种。

（1）松散型营销渠道模式

这种模式呈金字塔形，制造商在这种模式下可以利用较为集中的媒体资源，在市场中建立直接的营销体系，并可以在占领市场的过程中发挥巨大的优势。然而在这种模式下，渠道成员之间的关系具有临时性、偶然性和不稳定性的特征，生产者和分销商只是松散地连接在一起，体系性并不是很强，不具有持续性。

（2）整合型营销渠道模式

整合型营销渠道模式是指渠道成员通过不同程度的一体化经营模式整合而形成的营销渠道，主要包括以下几种具体的模式：垂直营销渠道模式，指由生产者、批发商和零售商纵向整合组成的渠道模式，这种模式下各渠道成员的行为较为统一，所选用的新媒体平台可以相同也可以存在差异，但其目标较为一致；水平营销渠道模式，指由两个或两个以上成员相互联合，通过资源共享和优势互补形成合力，共同开发、利用新媒体平台，以推动营销系统有效、快速的运行；复合营销渠道模式，指生产者借助不同新媒体平台，同时利用多种渠道销售产品，以进入更多的细分市场，扩大市场覆盖面，实现销量最大化的目标。

（3）新兴营销渠道模式

近年来，随着信息技术的发展，以互联网为平台的营销渠道模式开始显示出强大的生命力，新媒体平台在该模式下扮演着极其重要的角色。企业借助丰富的新兴媒介，可以以较低的成本获取大规模的客户资源，并可以利用其庞大的信息受众规模和稳定便捷的渠道网络，搭建沟通和贸易的桥梁，实现产品的推广和销售。这种模式具有全球性、便利性、交互性、及时性等优势。

素质园地

新媒体营销法律须知

新《中华人民共和国反不正当竞争法》中新增了有关互联网领域利用技术手段实施不正当竞争行为的条款。新《中华人民共和国反不正当竞争法》规定"经营者利用网络从事生产经营活动，应当遵守本法的各项规定"，以立法的形式明确了《中华人民共和国反不正当竞争法》对互联网经营活动的规制。新《中华人民共和国反不正当竞争法》对虚假宣传的条款进行了完善，对虚假宣传的具体内容予以细化，明确了除经营者对自己的产品进行虚假宣传外，帮助他人刷单炒信、删除差评、虚构交易等行为，也将受到查处，网络水军、职业差评师等不法经营者都将受到处罚。

3.3 新媒体营销策划技巧

在进行新媒体营销策划的过程中，可借助的新媒体平台繁多，虽然这可以为策划方案的制定提供较大的选择空间，但也增加了策划方案的复杂程度。因此，实施新媒体营销策划时也应该注意对技巧的把控，力求利用新媒体平台的各项优势，在为企业带来最大的品牌宣传效果的同时，还能够为企业带来丰厚的利润。

新媒体平台的发展打破了传统媒体在时间和空间上的信息传播限制，使得营销活动的开展愈加常态化。利用新媒体平台开展的营销活动凭借形式多样的活动设计，频繁地出现在大众的日常生活当中。然而，由于大众审美及消费心理的变化，想要通过新媒体营销活动来引起广泛关注，就需要在活动时机、主推产品、活动方式、推广载体等多个方面进行认真的权衡和设计。

3.3.1 选择合适的新媒体营销时机

选择合适的时机开展新媒体营销活动，有助于新媒体营销活动取得事半功倍的效果。对新媒体营销活动开展时机的选择需要进行科学的评判，不能由企业随心所欲地决定。在营销时机的选择上，一方面可以参考传统的营销经验，在节假日、纪念日等特殊时间开展营销活动，另一方面也可以由企业创造性地提出新的非节日式的促销狂欢日，如近些年比较火爆的"双十一""6·18"等。另外，选取时机也并非只是单一地考虑时间的维度，还要根据自身的经营范围、资金实力等因素进行综合评估。例如，针对儿童产品，就可以选择将儿童节作为主推的时间节点；针对女性商品，就可以在妇女节的时候开展营销活动。

3.3.2　选择合适的新媒体营销活动主推产品

新媒体营销活动中主推产品的选择是关键，只有选择了合适的产品，才能更好地激发目标群体的消费冲动，进而促进产品销量的增长。在选择新媒体营销活动主推产品时应遵循以下原则。

1．新颖性原则

这里的新颖性并不只是针对产品本身，而是要通过增强所选择的产品和新媒体营销活动之间的关联性，在提升活动新颖性的同时，使产品也能够呈现出亮点，以吸引消费者的眼球。

2．高品质原则

无论是传统的营销活动还是新媒体营销活动，产品的品质始终是消费者关注的核心问题。由于新媒体时代信息传播速度较快，差的产品的信息很容易会被广泛传播，好的产品也更容易形成良好的口碑效应，所以产品品质的保障是关键。

3．必要性原则

通常，企业所生产的产品品类繁多，不同的新媒体营销活动也会因其所选择的新媒体平台的不同而体现出不同的特点，因而并不是每一项新媒体营销活动都要与尽量多的产品产生联系，而是应以必要性为原则，通盘考虑，确定某一项新媒体营销活动的主推产品究竟应该包括哪些产品。

3.3.3　选择合适的新媒体营销活动方式

新媒体包含众多的平台资源，既有线上资源也有线下资源，这些平台涉及的领域相对比较广阔，企业利用这些平台开展活动的方式也就比较丰富，尤其是利用新媒体平台可以开展投票、转发、抽奖、集赞、直播等活动，以达到吸引流量、扩大宣传和刺激消费等效果。但在选择活动方式的过程中，并不是说要以活动方式的丰富和全面为主要目的，而是要根据产品的特质和活动的目标，结合目标群体的消费心理，选择最为合适的活动方式，然后通过创意加工，进一步增加活动的热点性和趣味性，从而实现活动的基本目标。

3.3.4　选择合适的新媒体营销活动传播载体

新媒体众多的平台资源为新媒体营销活动的开展提供了丰富的传播载体。在进行活动策划时，要围绕活动目标，基于活动预算，结合产品特性，按照活动方式的要求，根据不同类型的新媒体平台的特点等影响因素，选择合适的传播载体，以实现最终的活动目标。在进行传播载体的选择时，可以根据需要只选择一个新媒体平台，也可以选择多个新媒体平台以形成组合效应。另外，进行多平台选择时，可以同时使用传统媒体和新媒体平台，以达到整合联动效应，取得更好的传播效果。

3.4 课堂实训

3.4.1 分析新媒体营销案例

近年来，作为"初代国潮顶流"，故宫博物院凭借"朕知道了"折扇、故宫口红、故宫猫手办等爆款文创产品的推广，成功地将自身文化与新媒体进行融合，在展示其独特文化的同时，也改变了公众对其古老、庄严、肃穆的传统认知，转身一变，成了年轻、有趣、贴近生活的存在。

以故宫博物院与农夫山泉联合推出的九款限量版"农夫山泉故宫瓶"为例，配合"朕饿了""朕打下的一瓶江山"等反差萌的文案，用诙谐的古画包装瓶身，创意十分大胆，让故宫这个"高冷"的品牌变得人间烟火味十足。该系列产品把握了适度的娱乐精神，让品牌潮而不"low"，合作双方都可以借此拓展新的营销刺激点，打破老用户的固有认知，从而产生了1+1大于2的效果。

故宫博物院甚至还与奥利奥进行了联名跨界营销，两个百年IP来了一次东西方文化的碰撞。在这次联名中，奥利奥推出了秘制红豆酥、荔香玫瑰糕、真香绿茶糕等6种非常具有中国传统特色的新口味饼干，并且每一款都配上"中国味儿"的文案。另外，奥利奥还推出了故宫特别版"朕的心意"礼盒，以饼干为唱片，只要咬一口饼干就能切换《朕的心意》《琵琶》等具有浓浓古风古韵的歌曲。这次联名营销冲破了固有的行业圈层，收获了广泛的好评，更使得消费者对这两个品牌都建立了新的价值认同。

1. 实训要求

通过多种渠道，进一步搜索故宫博物院利用新媒体平台开展的创意营销活动案例，梳理故宫博物院相关活动的策划实施使用了哪些策略，分析、总结这些活动能够取得成功的原因。

2. 实训步骤

（1）收集故宫博物院利用新媒体平台开展的创意营销活动案例。

（2）分析其活动策略，及活动成功的原因。

3.4.2 新媒体营销策划岗位认知

1. 实训要求

假设你是一家主打新零售业务的加盟超市的营销策划主管，"6·18"即将到来，超市经理要求你策划一次新媒体大促活动。请根据市场需求，撰写一份完整的新媒体营销活动策划方案。

2. 实训步骤

（1）以小组为单位，利用多种方式开展市场调研，摸清市场实际情况。

（2）查阅相关资料，收集具有参考价值的创意方案。

（3）小组头脑风暴，确定活动创意并选取合适的新媒体平台。

（4）小组分工，完成新媒体营销活动策划方案的撰写工作。

（5）完成策划方案的优化改进。

课后习题

一、单项选择题

1. 新媒体营销策划作为传统营销策划工作在新的时代背景下的创新性延伸，其需要遵循的基本原则不包括哪一项（　　）。

A. 多平台原则　　B. 创新性原则　　C. 实践性原则　　D. 战略性原则

2. AISAS营销法则强调，（　　）行为还可以影响其他潜在消费者，引起多方关注，进而使其产生兴趣、主动搜索，甚至购买。

A. 引起注意　　　B. 产生兴趣　　　C. 主动搜索　　　D. 口碑分享

3. 植入软文广告不仅可以节省成本，降低广告的受干扰度，广告的营销模式也较为灵活。（　　）就是用图片和软文来介绍产品，不仅可以吸引消费者的眼球，还可以赋予产品人格魅力。

A. 图片式植入　　B. 热点式植入　　C. 视频式植入　　D. 体验式植入

4. 在生命周期阶段性推广产品策略模式下，当处于（　　）阶段时，要多利用新媒体平台的互动特性来增加与老顾客的互动，以促成重复购买行为。

A. 投入期　　　　B. 成长期　　　　C. 饱和期　　　　D. 衰退期

5. 常见的新媒体营销产品策略的执行模式不包括（　　）。

A. 新品开发策略模式　　　　　　B. 产品组合策略模式

C. 松散型营销渠道模式　　　　　D. 品牌建设策略模式

二、判断题

1. 开展新媒体营销活动时，要尽量多地使用多种新媒体平台，以扩大活动的影响力，提升广告效应。（　　）

2. 企业要进行热门话题营销，首先要做的就是找准话题与自身的结合点，如与自身的特质、理想、信念等的结合点，这是进行话题营销的重要基础。（　　）

3. 热点事件往往是社会群体现象的一个缩影，除了介绍事件本身，企业还要进行适当的引申和评论，从而最大限度地引发粉丝的关注和兴趣。（　　）

4. 开展营销活动时，企业必须注重规避功利化陷阱，积极传达乐观向上的主题思想，以此激发良性的社会反响，为品牌和产品展开潜移默化的宣传。（　　）

5. 鉴于传统媒体可能更注重内容的客观性和态度的中立性，因此可以以传统方法做自媒体传播。（　　）

三、简答题

1. 开展新媒体营销策划工作时，应如何使用各种策略？

2. 如果要进行组合式的新媒体营销，应该注意哪些问题？

项目 4

新媒体营销文案写作技能

学习目标

- 了解新媒体营销文案的概念和特点
- 掌握新媒体营销文案的类型
- 熟悉新媒体营销文案的写作步骤
- 掌握新媒体营销文案的标题写作
- 掌握新媒体营销文案的正文写作
- 掌握新媒体营销文案的结尾写作
- 培养敬业精神
- 确保新媒体内容符合社会主义核心价值观

知识结构图

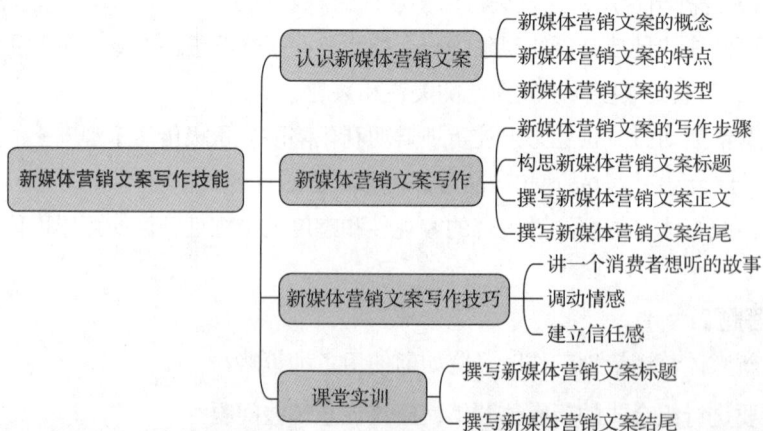

案例导入

江小白表达瓶

作为一款"会说话的产品"，自江小白第一代表达瓶问世以来，其独特的语录定制就备受追捧。消费者用简单质朴的语言，将生活中的真实情感表达出来，引发群体共鸣，这使江小白迅速成为现象级产品。

江小白不仅改变了白酒的消费场景，还以"轻"口味高粱酒改变了白酒行业几千年来的认知逻辑，让白酒年轻化、个性化。江小白产品如图4-1所示。

江小白表达瓶的特殊之处在于任何人都可以通过扫描二维码，借助江小白酒瓶这种特殊的介质向外界传递一句话，可以是最近的心情，也可以是对朋友的召唤。当今社会，约朋友小聚是为了谈心，在朋友圈发布文字是为了表达。人人都有表达自己的欲望，想让世界听见和看见自己的心情。江小白表达瓶更多地展示了产品与消费者的沟通力，借助产品来表达感情，有意识地聚焦小聚小饮消费场景的消费者体验，赋予产品情感寄托，如图4-2所示。

图4-1　江小白产品

图4-2　江小白表达瓶

江小白的广告比产品还出名，文案比产品更受年轻人欢迎。那些表达瓶上的文字像是在为"我"表达，帮"我"发声，成为人们情绪的出口。

案例思考：

说说江小白文案的成功之处。

案例启示：

江小白文案的成功在于它把整个文案当成一个系统工程，从产品创新、为消费者发声到营销创意，表明了它在感受年轻人的情绪。江小白与消费者互动，让消费者可以参与到江小白文案的创新中。

4.1 认识新媒体营销文案

新媒体时代的信息充满了趣味性。各种信息的传播都离不开文案的创作。新媒体营销文案是新媒体营销中的一项重要内容。新媒体文案依赖于网络环境和新媒体平台，起着传递信息和促成交易的作用，是当前商业模式下的重要产物。

4.1.1 新媒体营销文案的概念

新媒体营销文案以实现商业目的为写作基础，通过新媒体平台发布，达到吸引消费者注意并引起其购买欲望的目的。总之，新媒体营销文案通过向消费者展示新鲜的消息，说服他们改变观点或鼓励他们采取行动。新媒体营销文案的重点在于输出内容和创意，作用就是对要传播的信息进行设计，使其更容易被人理解，更容易在诸多的信息中被发现、被记住，甚至被再次传播。

4.1.2 新媒体营销文案的特点

新媒体营销文案是随着移动互联网和新媒体的发展，为适应智能终端阅读需要而诞生的，更符合现在人们的阅读习惯，更适应新媒体传播的需要。它并不是对传统文案的颠覆，而是对传统文案的创新发展，主要有以下几个特点。

1. 定位精准

一方面，不同新媒体平台的用户有不同的特征。例如，今日头条的用户多为职场人士，小红书的用户多为女性。另一方面，用户在新媒体平台上的各种浏览数据都会被系统记录，系统则根据用户生成的数据精准地向其推送内容及广告，从而产生精准投放的效果。例如，当你在抖音上搜索北欧风格的家居产品时，系统将会持续向你推送北欧风格的设计和产品。

2. 推广便捷

新媒体平台的用户现在多采用移动设备查看信息，用户可直接通过触摸屏进行分享、创作等操作，文案容易被用户再创作。以推广微信公众号文案为例，用户可直接关注所推广的公众号，也可点击文案右上方的分享按钮，在弹出的页面中根据需要进行分享。

3. 时效性强

在移动互联网环境下，碎片化阅读是用户的阅读特点，因此信息的传播与更新速度快，滞后信息很难引起用户的注意，新媒体营销文案必须紧跟时事热点。

4. 互动性强

新媒体营销文案传播不再是单向输出，企业可以借助新媒体平台直接与用户互动，从而达到品牌传播或产品销售的目的，因此新媒体文案要有一定的互动性。例如，企业可通过微信公众号，以赠送优惠券、发送节日问候语、提供售后服务等方式更好地与用户进行互动。

素质园地

公信力、引导力与内容质量是新媒体内容建设的3个基本原则

新媒体公信力建设是网络舆论引导的基础。当前，大多数商业性的新媒体平台注重流量经济，信息资源建设以快、新为核心，这就导致不同新媒体平台之间存在着明显的资源重叠现象，媒体资源良莠不齐。长此以往，网民对新媒体的认可度将逐步下降。尽管主流新媒体在优质内容建设方面已经取得了长足进展，但大多数新媒体在宣传路径选择、内容通俗性等方面都存在一定不足，难以实现对网络舆论的有效引导。为此，必须针对不同的受众群体，采取不同的引导策略，提升新媒体的公信力，巩固网络舆论引导的媒介基础。

打造内容的引导力是新媒体进行内容传播的主要手段之一。新媒体之所以能够取代传统媒体成为主要的媒体形式，不仅在于新媒体信息传播的高效性，更在于新媒体秉持的用户理念。新媒体注重用户体验，始终秉承"以人为本"的价值理念，能够获得用户的广泛认同，全面发挥舆论引导力。围绕新媒体引导力的生成路径，现阶段新媒体内容建设需要优化媒体叙述形式，把握新媒体用户的习惯与心理，提升新媒体内容的表现力；强化公众对新媒体内容的心理认同，让新媒体内容既"入眼"又"入心"。相比于新闻的表现形式，用户更注重新闻内容的价值。要想使新媒体成为网络舆论引导的利器，就必须通过适当的方式对新闻内容进行深加工，激发用户共鸣。

内容质量是决定新媒体舆论引导效果的关键。按照新媒体内容服务的方式进行分类，新媒体既能传播时效性新闻，也可以传播专业知识和理论观点，这就赋予了新媒体更为强大的技术外溢效应。在现代信息技术的驱动之下，新媒体既能及时制作出满足时效性需求的资讯，还能深度挖掘即时性资讯背后的潜在内容，透过热点问题的表象来分析话题背后深层次的原因，构建不同层次的信息资讯服务。现阶段，新媒体必须从时效性内容制作加工下沉到深度内容制作加工，确保平台内容既能满足用户的"短平快"需求，也能为其提供专业化的资讯服务。

4.1.3 新媒体营销文案的类型

1. 按篇幅长短分类

新媒体营销文案按篇幅长短分类，可分为长文案和短文案。

（1）长文案

长文案篇幅较长，通过文字来铺垫情感、烘托气氛，从而塑造品牌或产品形象，传达品牌精神。长文案的内容通常是构建故事场景，或者是进行数据的分析说明。长文案适合在产品价格及消费者决策成本较高的产品上运用，例如房产、汽车等。

例如，某款葡萄酒产品就采用了长文案，如图4-3所示。该文案介绍了该款葡萄酒的品

质、产地、种植位置、生长过程、采摘的时间要求、酿酒师、酿酒环节的把控等内容，让消费者知道这款葡萄酒是怎么做出来的，他们对葡萄酒的品质要求有多严格，从而向消费者阐释这款葡萄酒的来之不易，证明其高昂售价的合理性。

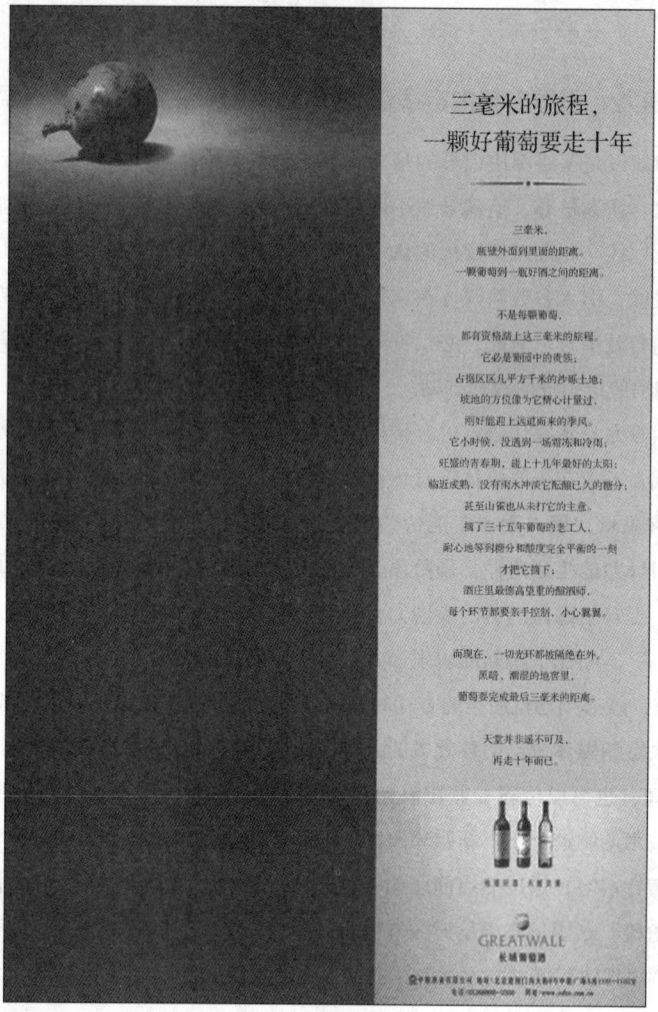

图4-3　某款葡萄酒产品长文案

（2）短文案

短文案往往短小精悍，讲求用寥寥数语传达品牌或产品的核心理念，从而引人深思或激发消费者的购买欲望。短文案需要达到快速触动消费者，传递核心信息的效果。短文案适用于价格及消费者决策成本较低的产品，例如快消品、食品等。短文案示例如下。

草莓正当季，甜到银河系。

香甜草莓，搭配浓浓奶香。

绵绵芝士奶盖，幸福感舌尖绽放。

夏日新品，草莓奶露，冰爽来袭。

2. 按目的分类

新媒体营销文案按目的分类，可分为销售文案和推广文案。

（1）销售文案

销售文案扮演着推销员的角色，可向潜在消费者推销产品。销售文案通过介绍产品信息，打动消费者并促使其立即行动。

（2）推广文案

推广文案是为了向消费者传递产品价值、扩大品牌影响力而创作的文案。推广文案要能够引起共鸣并引发消费者自主自发地传播。

3. 按广告植入方式分类

新媒体营销文案按广告植入方式分类，可分为软文和硬广。

（1）软文

软文不直接介绍产品，而是将其巧妙植入情感故事或经验分享中，以消费者不易察觉的方式说服消费者，降低消费者的抗拒心理，可达到出其不意的效果。

例如，一个户外旅行微信公众号上有一篇名为《不要忽视最凶险的夏日露营行为》的文章，文章部分内容如下：

> 露营在近几年比较流行，无论是在各大综艺节目还是影视剧作品中，经常会出现露营的元素。越来越多的户外新手对这种户外玩乐模式产生兴趣，纷纷下场。但是，最关键的露营安全须知大家都烂熟于心了吗？

接下来文章就介绍了露营中的用火安全注意事项，露营过程中因用火不当发生的火灾事故，然后推荐适合在露营时使用的火炉产品，并附上火炉产品的照片和安全性说明，最后告诉读者：希望每一次露营，大家都能乘兴而去，尽兴而归，但要注意用火安全，保护环境。

（2）硬广

硬广通过媒体渠道直接进行产品宣传。硬广也可以借助新媒体进行宣传。

例如，TATA木门赞助《奇葩的轰趴》节目，尝试跨界网络视频展开深度营销。不论文案、节目包装还是广告植入形式，TATA木门都在以全新的姿态拥抱迎面而来的互联网浪潮和"90后"消费者。节目的宣传语是"春眠不觉吵，TATA木门好，夜来风雨声，噪音（声）听不到，这里是《奇葩的轰趴》"。在节目中，4位"90后"主人公一起畅聊现代合租生活的惊喜与烦恼，并全方位口播TATA木门的宣传语，在剧情中植入产品特色。"TATA木门让同一个家里不同的人有了不同的世界""在超隔音的TATA木门面前，一切弊端都能迎刃而解"。

4.2 新媒体营销文案写作

新媒体营销文案的写作并不是简单的字词组合，也不是华丽的辞藻堆砌。在进行新媒体营销文案写作前，首先需要完成市场调查，研究目标群体，分析竞争对手，从而为文案写作做好准备。我们可以按照以下步骤完成文案写作。

4.2.1 新媒体营销文案的写作步骤

1. 明确文案的写作目的

首先需要明确文案写作是为了品牌传播，还是为了促进产品销售，又或者是为了进行推广活动，目的不同，写作的思路和方法也不同。如果是为了品牌传播，文案需要符合品牌的风格，以引起消费者的共鸣；如果是为了促进产品销售，就需要思考如何才能让消费者信任，并能让其立即付诸购买行动；如果是为了进行推广活动，就需要思考如何让消费者觉得这个活动很有吸引力，值得参与，并且觉得参与活动的门槛不高。

2. 列出文案的写作大纲

文案写作大纲需要梳理清楚3个问题，即文案要对谁说、要说什么、要在哪儿说。

要对谁说的问题，就是需要思考文案是写给谁看的，需要对目标群体进行分析，了解目标群体的典型特征、目标群体的情怀和认知。

要说什么的问题，就是要采用目标群体可以理解的语言来传递产品的卖点和相关信息。

要在哪儿说的问题，就是指文案传播的渠道，这也需要根据目标群体来确定，选择目标群体聚集的渠道。

3. 输出文案创意

输出文案创意需要对各种资料进行整理，并将文案的发布平台、平台受众及其对广告的接受度进行综合考量，展开创意思考，将产品的功能转化为消费者的受益点。功能和受益点在文案中是一一对应的，要让消费者听到你传递的信息就能产生如获至宝的感觉。例如，一款凉茶饮料的功能是去火。文案呈现出日常生活中容易上火的场景，如熬夜看球、深夜加班、吃麻辣火锅等，然后再告诉消费者，可以喝瓶凉茶饮料来预防上火。这样消费者就很容易被说服。

4. 文案复盘

完成上述步骤后，通过数据反馈、消费者反馈等将文案的优缺点进行总结，然后保持优点，并针对缺点修改文案，避免下次出现同样的问题。

4.2.2 构思新媒体营销文案标题

标题要具有吸引力、能提供完整的信息，且目标精准。新媒体营销文案标题的质量直接决定了文案的点击率，如果消费者对文案的标题不感兴趣，根本就不会点击、浏览，那么费尽心思打造的内容就没机会展现。一个具有吸引力的标题能快速吸引消费者注意，引起消费者的阅读欲望，因此新媒体营销文案创作者一定要重视标题的创作。要想打造吸睛的标题，可以利用以下方法。

1. 新闻式标题

此类标题用新闻式的语言撰写，较正式，可体现时效性和轰动性。例如：

今天××航天局发布了一个震惊世界的消息，跟我们每个人都有关。

定了！北京时间2月23日晚9点，全新C级轿车正式发布。

2. 警告式标题

此类标题通过警示性语言引起消费者的注意，给予他们强烈的心理暗示，引发其危机感，从而使其产生对产品的需求。例如：

没想到，台灯竟然影响了孩子的一生。这样的灯具千万别买！

不要再这样刷牙了！

3. 对比式标题

此类标题梳理产品卖点，用对比的手法来衬托自家产品的优势，加强消费者对产品的认可。例如：

××牌净水器帮你省掉了一半的水费。

好看的MPV，不一样的7座，提车感然，让生活更有激情。

4. 借势热点话题式标题

热点人物、热点事件，这些都是公众最为关注的话题，借势这些内容拟定标题容易吸引消费者和媒体的关注，具体表现为争夺消费者眼球，依靠轻松娱乐的方式潜移默化地引导市场消费。此类标题最理想的效果并不是求得一时关注，而是要将事件核心点、公众关注点和品牌诉求点三点合一，让热点与企业所倡导的价值导向和企业文化融合。

4.2.3　撰写新媒体营销文案正文

正文是文案的核心，是创意和营销思维的具体表现，我们要通过正文来打动并说服消费者。正文的写作方法包括以下几种。

1. 总分式

总分式在微信文案中比较常见。总是指文案的总结，点明主题；分是指分层叙述，将中心论点分成几个分论点逐一论证。总分式文案的结构是发散的。

2. 三段式

三段式在软文营销中比较常见。三段式文案的第1段通常概括性地描述产品的卖点；第2段通常对卖点逐一进行展开式的描述；第3段通常对产品卖点进行升华，对良好的使用效果、产品的权威性及多场景的使用功能进行描写，促使消费者马上行动。

3. 递进式

递进式在销售价格高昂或者卖点难以理解的产品文案中比较常见。递进式文案是逐层推进、层层深入地描述，可以由现象到本质、由事实到规律地进行写作。

4.2.4 撰写新媒体营销文案结尾

消费者对文案的印象以及后续是否采取行动较大程度地受到文案结尾的影响。新媒体营销文案可以采用不同的结尾形式以取得需要的营销效果。

1. 反转结尾

反转结尾与正文形成转折关系，让人感到惊奇。反转的氛围在目标群体心里产生震撼效果，出人意料的结局可以产生让人难忘的效果。例如：

"我买好了高铁票，到时候见！"她说道。"嗯，好。"他回答得看似漫不经心，其实悄悄定好了闹钟，第二天闹钟一响，就打开支付宝，偷起了她的"能量"。

2. 场景结尾

场景结尾通过文字营造场景感，让消费者感同身受，产生共鸣，达到打动消费者的效果。结尾设定的场景一定要是你的目标群体经历过的场景，要通过文字营造画面感。一款电动牙刷的营销文案的结尾如下：

但凡去过牙科的人都晓得：看牙真贵！治疗几颗牙，费用随便都要上千元，交了钱还要遭罪。躺在牙椅上，闻着消毒水的味道，任牙医的工具在自己嘴里钻洞，疼得眼泪在眼眶里打转，真是花钱又受罪！

3. 号召结尾

号召结尾在结尾处说明利益和好处，对消费者进行号召，以达到引导消费者产生购买行为的效果。例如：

现在购课，再送全套美术工具，活动仅限今天。

4. 金句结尾

用富含哲理的金句结尾可以发人深省，增强消费者的认同感，提高文案转发率。常用的金句包括名人格言、文学经典语句、原创经验总结等。

名人名言结尾：爱因斯坦说过，耐心和恒心总会得到报酬的。

文学经典语句结尾：人这一生既不像你想的那么坏，也不像你想的那么好。

原创经验总结结尾：人生没有白走的路，每一步都算数。

4.3 新媒体营销文案写作技巧

4.3.1 讲一个消费者想听的故事

人天生爱听故事，写作新媒体营销文案时可以把企业的经营理念、产品的卖点等商业信息以故事的形式展现出来，这样消费者会更愿意阅读。好的故事首先要能够让消费者有代入感，让消费者沉浸到故事当中，从而产生共鸣。

1．品牌故事

将主题植入品牌故事，会给人留下深刻印象。例如在阿芙精油中植入爱与美这一主题，立刻能给消费者留下鲜明的印象，这样品牌格调就建立起来了。

阿芙，源自古希腊神话中爱与美的女神——阿芙洛狄忒，现在化身为中国精油界的领导品牌，亦是护肤品全球合作之典范。阿芙一直捍卫精油行业的秘密——得花材者得天下，只和全球著名花材产地的庄园合作，长期契约种植。阿芙率先将精油色谱图呈献给消费者，以证明阿芙精油从田间种植到入瓶罐装，皆"血统"清晰，品质纯正。

2．创业故事

原奔驰汽车的总监辞职和朋友开了一家以汽车文化为主题的烤串店，他想在微信上进行推广。于是他发布了一篇题为《奔驰汽车总监辞职卖烤串，半年月销售额从6万到30万》的文案。看到这个标题，人们肯定会想他为什么会辞掉令人羡慕的工作去卖烤串呢？消费者产生了好奇心，进而点击浏览。文案介绍了这家以烤串为主要菜式的居酒屋的菜品、以汽车文化为主题的就餐环境等信息，引得人们争相去店内就餐。

4.3.2　调动情感

一篇优质的新媒体营销文案可以通过情感的抒发与表达引起消费者的共鸣。

1．借助亲情

天猫Discovery的一次营销活动很有感染力。工作人员先是对几位普通人进行采访，让他们讲述和父母之间关于食物的美好记忆。受访者回忆起儿时，父母出差带回的美食；自己异地求学时，父母把舍不得吃的美食统统寄给自己。然后，工作人员让受访者从事先准备好的各种食物卡片中挑选他们吃过的食物的卡片。接下来，工作人员让受访者从已挑选的卡片里选3张父母没有吃过的食物的卡片。最后，受访者与父母打电话确认父母是否吃过以上食物。测试环节中，孩子吃过而父母从未吃过的食物，会让所有人忽然心里一酸，戳中人心。这个关于亲情的话题，引发年轻人反思，而后产生行动。天猫Discovery团队借助亲情的力量，巧妙地让消费者愿意下单，实现成功营销。其文案示例如下：

有我一份，就有你们一份。

自己买一份，也要为爸妈买一份，把爸妈没吃过的好吃的寄给他们。

2．借助友情

在国际友谊日之际，竹叶青峨眉高山绿茶推出了一张以友情为主题的海报。该海报内容既贴合友情这一主题，又表达出产品的卖点，如图4-4所示。

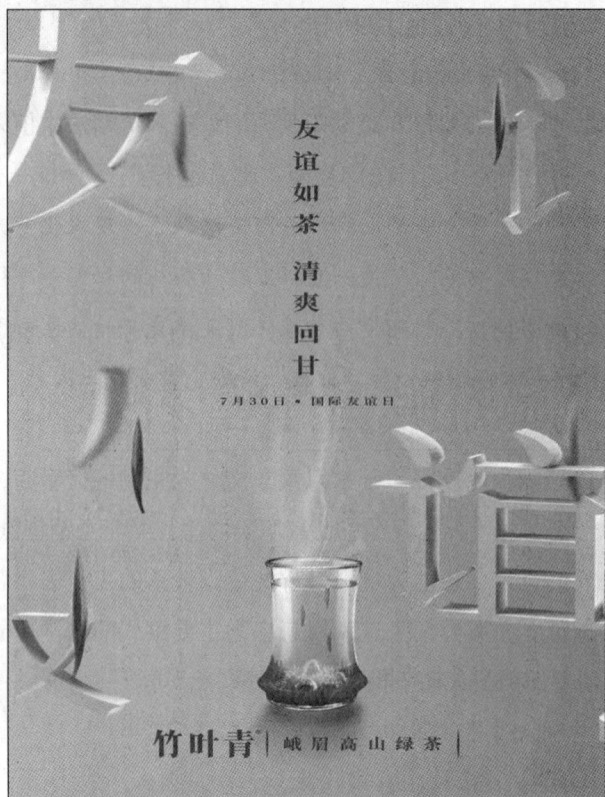

图4-4　竹叶青峨眉高山绿茶海报

3. 借助爱情

爱情是人类永恒的话题，遇到爱情时的怦然心动、拥有爱情时的甜蜜、失去爱情的痛楚，让消费者极容易产生共鸣。锐澳将年轻人在表白时的经历进行了生动地刻画，文案示例如下：

> 原来爱情是，
>
> 我正要表白，
>
> 而你也刚好"正在输入"。

4.3.3　建立信任感

消费者对文案的信任程度越高，文案被转发的可能性越大。一篇文案要培养消费者的信任感，可以从以下几个方面着手。

1. 制造权威感

人们有服从权威的心理，文案可适当引用权威报道或者权威平台背书，利用第三方的权威赢得消费者信任。

没想稻是一个五常大米品牌。香港金牌食神餐饮管理有限公司董事长、法国厨皇会名誉主席、粤港澳名厨会名誉会长戴龙可谓美食界的权威人士，他品尝了没想稻的大米之后，赞叹不已。戴龙表示："在这一碗米饭里面，我看到了真心。"没想稻对戴龙的评价进行了宣传，赢得了消费者的信任。并且，戴龙愿意用没想稻五常大米做一次"黯然销魂饭"，再一次增加了消费者对没想稻的信任度。没想稻上线京东众筹，短短6小时就卖了6万千克。没想稻宣传海报如图4-5所示。

图4-5　没想稻宣传海报

2. 消费者证明

从众心理是消费者个体的观念与行为，指由于受到群体的引导或压力，而趋向与大多数人保持一致的情况。消费者厌恶风险和麻烦，采取从众行为可以让消费者减少内心冲突，求得心理平衡。新媒体营销文案采用消费者证明的方式能让消费者减少决策的时间。消费者证明可以向消费者展示产品销量，说明已有很多消费者购买，从而吸引其他消费者下单。消费者证明也可以向消费者展示评论，因为消费者更信任来自其他消费者的评论和他人的推荐。

江铃轻卡汽车目前的市场保有量已超百万辆，大江南北随处可见它的身影。江铃轻卡汽车邀请众多车主发来视频，讲述了他们驾驶江铃轻卡汽车的体验。

车主：刘先生

五金店个体户的选购理由：稳健品牌务实轻卡。

谈及当初选购江铃轻卡汽车的理由时，刘先生说："周围朋友都在用江铃轻卡汽车，都说它是大品牌，确实好用。"

众所周知，江铃汽车融合福特、五十铃的造车经验和技术，旗下江铃宝典连续11年蝉联全国柴油轻卡汽车的销量冠军，由此诞生的江铃·宝典超值版自然拥有超越同侪的品牌实力。

车主：赵先生

小型建筑队包工头的选购理由：节能减排，经济轻卡。"建筑工地任务非常繁重，经常需要拉着工具东奔西跑。我们用过一段时间的江铃轻卡汽车后，发现它不光'跑得多'，还'吃得少'，这样花费一下就节省了很多。"

据江铃轻卡汽车的工作人员介绍，它搭载J××××××××发动机，这款发动机是江铃汽车联合美国福特在原4×××的基础上共同研发的，具有低转速、大扭矩输出、省油耐用的优点。宝典超值版轻卡汽车平均每百公里比竞品省油2.8升，选择它相当于6年就能省出一辆车的钱。

3. 打消顾虑

消费者即便阅读完广告文案后已经非常动心了，可能还是会担心收到产品后不满意，能否退货，是否有保修服务等。企业需要针对消费者的各种顾虑给出解决方法，这样消费者才会下单。美国得克萨斯州的农场主弗兰克试图销售他的"皇家红宝石葡萄柚"，但这个葡萄柚品牌很多人没有听说过，消费者难免担心。弗兰克的葡萄柚文案通过打消消费者的顾虑，从而收获了大量订单，其部分文案如下：

让你的家人尝尝这种不同寻常的水果，你来判定一切。

如果这4个皇家红宝石葡萄柚让你说了声"不错"的话，就留着剩下的水果吧。

不然就把那些没吃过的水果寄回给我，邮费我出，你不欠我一分钱。

记住，你什么都不必支付，只需验证这葡萄柚的味道，甚至连验证味道的费用都由我来承担。

弗兰克在文案里充分抓住了人们在尝试新事物时的担心和顾虑，那就是万一不好吃怎么办，而且提供了解决办法，那就是不满意就退回。这则广告刊登后，弗兰克收到了大量的订单，陆续获得了8万多名顾客。

行业动态

各个品牌的健身文案

1. 即使在最黑的夜，也要有最热的血。
2. 不开心的时候，流泪不如流汗。
3. 总有一个比你忙的人在健身。
4. 爱自己，是终身浪漫的开始。
5. 所有的可能性，都在你跑下去的路上。
6. 哪有什么天生如此，只是我们天天坚持。
7. 热爱生活有很多方式，但最直接的只有一种，跑一场马拉松。
8. 只有日复一日的坚持，才有扭转乾坤的力量。
9. 面对跑步的痛苦和无聊，无论世界冠军还是业余跑者，感受都是相同的。
10. 站在山顶，感受那些曾经的恶意。
11. 管它终点有多远，JUST DO IT。

12．只有跑出来的美丽，没有等出来的辉煌。

13．伟大的反义词不是失败，而是不去拼。

14．你付出了多少，身材知道。

15．好身材只留给有毅力的人。

16．运动的精髓不在于与他人拼胜负，而在于专注于自我超越。

17．只要从骨子里热爱，在哪儿练都是王者。

18．探索未知从不需十项全能，挑战让一切皆有可能。

19．痛快跑的感觉远比坐在家里想象跑要好得多。

4.4　课堂实训

4.4.1　撰写新媒体营销文案标题

比亚迪始终坚持"技术为王，创新为本"的发展理念，凭借研发实力和创新的发展模式，获得了全面的发展，并在电池、电子、乘用车、商用车和轨道交通等多个领域发挥着举足轻重的作用。比亚迪汽车遵循自主研发、自主生产、自主品牌的发展路线，其产品的设计既汲取国际潮流的先进理念，又符合中国的审美观念。比亚迪海豚汽车采用高强度车身架构，智能辅助驾驶系统，高安全、长寿命刀片电池，一体式拼色运动座椅，人性化肤感内饰，30分钟即可充电80%。

1. 实训要求

在互联网上搜索与此案例相关的内容，并结合本章内容撰写新媒体营销文案标题。

2. 实训步骤

（1）查阅相关资料。在汽车之家、懂车帝、有驾等新媒体平台查找消费者对新能源汽车的关注点及比亚迪海豚汽车的卖点。

（2）结合本项目学习的新闻式标题、对比式标题的写作方法，总结关键词，撰写比亚迪海豚汽车的新媒体营销文案标题。

4.4.2　撰写新媒体营销文案结尾

重阳节即将到来，某电动剃须刀品牌旗舰店开启了促销活动，并推出了剃须刀礼盒，请你为其构思一篇新媒体营销文案，并为其设计一个文案结尾。

1. 实训要求

促销规则自拟，体现感恩、亲情、敬老的主题。

2. 实训步骤

（1）查阅与重阳节相关的资料，利用节日主题营造敬老的场景感。

（2）用号召结尾对店铺的促销活动进行介绍并引导消费者购买。

课后习题

一、单项选择题

1. 下列关于新媒体营销文案标题写作的说法错误的是（　　　）。

A. 标题要具有吸引力

B. 目标精准

C. 警告式标题可以让人产生信任

D. 标题的质量决定了文章的点击率

2. 下列属于对比式标题的是（　　　）。

A. 如果你不在乎钙和维生素，请继续喝这种豆浆

B. 10个容易被忽略的Word小技巧，超实用

C. 为了考研，90%的大学生晚上都来这儿

D. 买这种家具，储存空间大一倍

3. 以下属于新媒体营销文案按目的分类的是（　　　）。

A. 推广文案　　　　　B. 软文　　　　　　C. 硬广　　　　　　D. 长文案

二、多项选择题

1. 新媒体营销文案的特点是（　　　）。

A. 定位精准　　　　　B. 推广便捷　　　　C. 时效性强　　　　D. 互动性强

2. 新媒体营销文案结尾的类型有（　　　）。

A. 反转结尾　　　　　B. 场景结尾　　　　C. 号召结尾　　　　D. 金句结尾

3. 打消消费者顾虑的方法有（　　　）。

A. 提供试用装　　　B. 提供保修服务　　　C. 无效退款　　　　D. 保价承诺

项目 5 新媒体营销图文处理技能

学习目标

- 了解获取图片的方式，掌握设计封面图的方法
- 掌握使用软件和在线平台设计制作信息长图、九宫格图、GIF图的技术
- 掌握使用不同软件和在线平台设计创意精美图片、图文版面的方法
- 掌握使用在线平台设计制作H5的方法
- 熟练使用搜索引擎或专业网站下载图片
- 运用在线平台、PowerPoint、Photoshop等软件设计制作精美图片、图文版面
- 提升审美能力、美学设计能力、创新创意能力
- 提升新媒体营销岗位职业素养和职业适应能力
- 培养审美意识和精益求精的工匠精神
- 加强新时代社会主义核心价值观教育，培育良好的行为道德规范
- 加强爱国主义教育，增强民族自尊心、自信心，增强对祖国的责任感

知识结构图

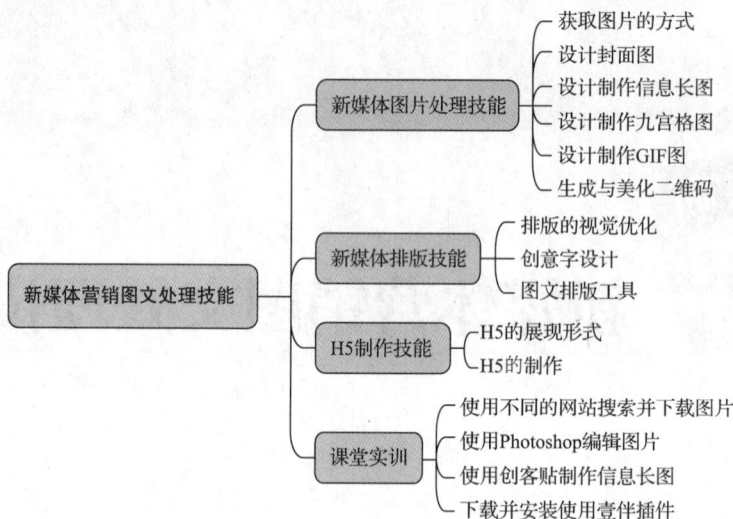

新媒体营销图文处理技能
- 新媒体图片处理技能
  - 获取图片的方式
  - 设计封面图
  - 设计制作信息长图
  - 设计制作九宫格图
  - 设计制作GIF图
  - 生成与美化二维码
- 新媒体排版技能
  - 排版的视觉优化
  - 创意字设计
  - 图文排版工具
- H5制作技能
  - H5的展现形式
  - H5的制作
- 课堂实训
  - 使用不同的网站搜索并下载图片
  - 使用Photoshop编辑图片
  - 使用创客贴制作信息长图
  - 下载并安装使用壹伴插件

案例导入

五芳斋H5营销

天猫商城联合五芳斋在中秋节到来之际推出了一则别具一格的H5动画广告，如图5-1所示。打开H5页面，用户在首页点击"立即穿越"，系统便可引导用户找到制作月饼的食材：第一幕，曲水流觞，与李白对话，获取馅料；第二幕，花灯谜境，以猜灯谜的形式制作关键皮料；第三幕，花车斗彩，以歌舞技艺大赛的形式给月饼加点小心思；第四幕，祭月大典，把月饼献给"圣人"，最后生成一张月饼的效果海报，引导用户分享链接。

"走心"这个概念在H5里是永不过时的。不管是动画的点滴细节还是文案的设计，都可以看出五芳斋的用心程度。五芳斋的这则H5动画广告，用复古的手绘插画风格讲述了一个富有趣味的小故事，并将互联网语言代入情境中，给人一种耳目一新的感觉；配以小游戏的形式，让用户通过点击屏幕中不同的位置发现平凡中的小惊喜，吸引大量用户点击，让更多潜在用户持续关注，在提升用户对品牌的认知度和好感度的同时，获得更多的用户，实现品效合一。

案例思考：

新媒体营销中图文搭配的魅力在哪里？

案例启示：

五芳斋利用H5发布创意动画广告，吸引了大量用户观看详情并参与游戏互动、主动分享链接，大幅度增加了用户点击量，从而提升了产品关注度。简单又富有创意的图文信息具备很强的宣传能力。

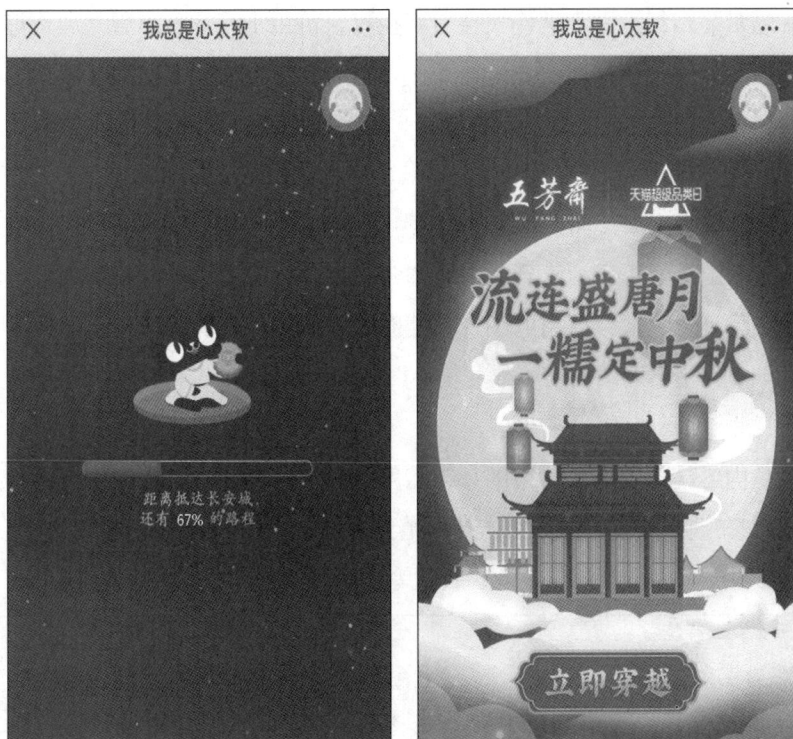

图5-1　五芳斋H5动画广告

5.1　新媒体图片处理技能

在读图时代，作为视觉化呈现的重要一环，图片的重要性不言而喻。无论是在微信公众号、微博还是今日头条，为文案配图都能起到更好的效果。与传统媒体不同的是，新媒体配图更加多样化，既有常规的图片，又有衬托文字场景的动态图，还有承载大量内容的长图等。

5.1.1　获取图片的方式

获取图片的方式有很多，可以从网络上搜索下载，也可以使用相机等拍摄。

1. 搜索下载高清图片

当我们需要某类图片的时候，一般都会到网络上去搜索并下载。但大部分人下载的图片比较模糊，这样创作出来的作品质量就会大打折扣。另外，在知识产权越来越受重视的今天，网上搜索到的高清图片不可随意使用。特别是对于自媒体创作者、广大图文编辑者和UI（界面）设计工作人员来说，如果将版权受限的图片用于商业用途，一不小心可能会陷入版权纠纷。

版权图片通常是指经过图片著作权持有者授权，可用于商业、出版、展览等用途的图像作品。使用版权图片时，往往需要支付给著作权持有者一定的授权费用。因此，通过互联网下载图片时，你必须知道如何找到无版权限制、可商用的高清图片。

（1）搜索引擎搜图

通常可以通过搜索引擎搜图。常见的搜索引擎有百度、搜狗、360搜索、必应等。使用同样的关键词在不同的搜索引擎搜索到的内容通常不相同，使用不同的语言搜索到的结果通常也不相同。为了找到更多适合使用的图片，搜图时可以选择不同的搜索引擎搜索，也可以在同一个搜索引擎中使用不同的语言（如"树林"或"forest"）进行搜索，进而搜索到更多合适的图片。

在搜索图片内容精准度以及可用图片丰富度方面，推荐使用百度图片搜索和必应图片搜索（见图5-2）。在搜索结果中，注意选择高清图片（大图）分类组，以保证所下载图片的清晰度。搜索图片时还可以按颜色、类型、版式等进行搜索，以提高搜索效率。

图5-2　必应图片搜索界面

（2）专业图片网站搜图

当对常见搜索引擎搜索到的图片不满意，或者需要选择无版权限制的图片进行商用时，可以尝试在专业图片网站进行搜索。一些网站上的图片无版权限制，可以用于商业用途。但要注意，免费下载的可商用的图片一般禁止用于出租、转售、注册商标等行为。常用的搜索无版权高清图片的网站有以下几个。

① Gratisography

Gratisography是一个提供免费高品质摄影图片的网站，其中所有的图片都可供个人或者商业使用。该网站界面为英文界面，无须注册账号，你只需要单击搜索到的图片即可下载，但目前仅支持使用英文搜索，网站也对图片按内容等进行了分类（如动物、人像、城市、自然、商业等）。该网站内既有摄影图，也有矢量图，可按需下载。

② Free Images

Free Images图库图片丰富，种类齐全，且图片多为摄影原片，包含完整的拍摄设备和元数据信息。

③ pixabay

pixabay素材库包含照片、插画、矢量图、视频、音乐等多种格式的媒体素材，支持中英文搜索，免费注册并登录即可下载素材。

④ pexels

pexels是一个提供海量共享图片素材的网站，可以帮助设计师、自媒体工作者和其他所有正在寻找图片的人找到可以在任何地方免费使用的精美摄影照片及视频素材。

2. 拍摄高清图片

用于宣传的图片，最好还是选择自己拍摄的图片，这样既能避免侵权风险，又能满足个性化需求，而且拍摄图片时不必纠结于摄影器材，使用手机即可拍出好的图片。了解了下面几点摄影基础知识后，想要拍出高水平的图片也不难。

（1）正确用光

光是摄影的灵魂。正确认识光、利用光是一张图片成功的决定性因素。拍摄时思考一下：光是从哪里照射下来的？光有颜色吗？光在物体表面是否反射出有趣的形状？光有没有创造出独特的阴影？只有学会分析光、利用光，才更容易拍出好的图片。正确用光拍摄的图片如图5-3所示。

图5-3 正确用光拍摄的图片

（2）了解构图

构图是表现图片内容的重要因素，好的构图可以赋予图片不同的意境，传递出特定的信息。学会构图能助你创造出更出色的画面。怎么样的构图才算是好的构图呢？这需要熟悉一些基础的构图规则。

最简单的构图规则是三分法构图。三分法构图，又称九宫格构图，指的是将相机取景器中所能看到的画面按横竖三等分的比例分割后，当拍摄主体出现时，可将其置于画面的任意一条分割线（白线）上；当要突出拍摄主体的某一位置时，可将其置于4个黄金分割点（黄点）上，这种构图形式能够在视觉上带给人愉悦和生动的感受，避免被摄主体居中而产生呆板感（见图5-4）。

图5-4　三分法构图

采用三分法构图拍摄的画面简洁，主体突出，且不失平衡。

（3）寻找线条

要掌握好的构图一定要学会利用线条。线条无处不在，如天地尽头的水平线、路边的电线杆、建筑物的边缘、马路的延伸线等。你可以利用这些无处不在的线条作为引导线或者分割线来拍出有意思的画面。你可以利用这些线条来突出你的主题，也可以利用这些线条来制造一个框架（见图5-5）。

图5-5　利用马路中线和围栏线条构图

（4）构思内容

摄影说起来很简单，但是很多人拍出来的照片往往空洞无物，毫无重点。拍摄时一定要确定好拍摄主体，其他一切规则都是为这个主体服务的，明确这一点是拍出好照片的基础。只有主体明确了，围绕这个主体展开的故事才能够说得明白（见图5-6）。而且拍摄时要学会变换视角，可以靠近主体拍摄，可以远离主体拍摄，可以仰视拍摄，也可以俯视拍摄，这样更容易拍出有意思的照片。

图5-6　突出显示的吉他箱子引发联想

（5）学会等待

决定性的瞬间是等来的。当你发现一个地方很适合拍照时，你可以在那里等待，等待合适的光线角度，等待有趣的人经过，等待主体状态最佳的时刻……好照片只属于那些有耐心、会抓拍的人。图5-7所示便是在等待中拍出的。

图5-7　抓拍摩托车手腾空表演

5.1.2 设计封面图

封面图作为进入用户视线的第一张图，它的效果好坏直接决定了文案能否吸引人继续浏览，其重要性不言而喻。封面图既可以是一张简单的图片，也可以添加文字以突出主题（见图5-8）。而且，不同的新媒体平台对封面图的要求各不相同，有的对图片格式有要求，有的对图片尺寸有要求。

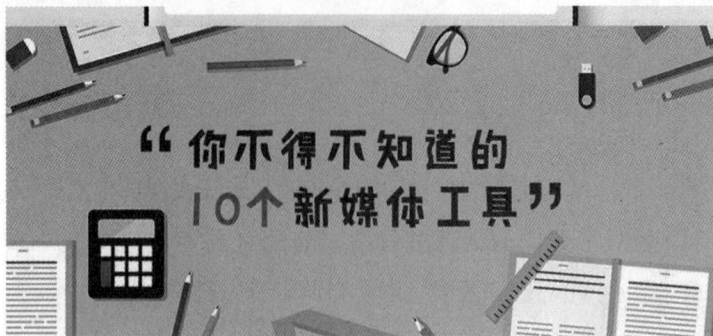

图5-8　封面图示例

微博头条文章封面图，其尺寸要求为1000像素×562像素，信息安全区尺寸要求为1000像素×400像素，格式要求为JPG、PNG、GIF，大小不超过5MB；微信公众号文章封面图，其尺寸要求为900像素×500像素，格式要求为JPG、PNG、GIF，大小不超过5MB；头条号对封面图的尺寸没有要求，封面可选择自动、单图、三图这3种模式。

1. 使用Photoshop编辑封面图

不同的新媒体平台对于封面图的尺寸要求不一样，这就需要对图片进行裁剪处理，以改变其尺寸和大小。Photoshop是一款功能强大的数字图像处理工具，其中的裁剪工具可以十分有效地进行修改图片大小与尺寸等图片编辑工作。

（1）裁剪图片到合适尺寸

步骤01　▶启动Photoshop软件后，单击左上角"文件"菜单，在打开的下拉菜单中单击"打开"命令（见图5-9）。

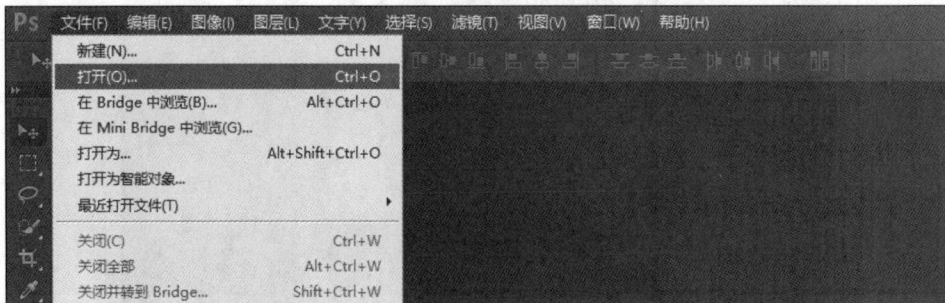

图5-9　单击"打开"命令

步骤02 ▶在打开的对话框中选择需要裁剪的图片,单击"打开"按钮(见图5-10)。

图5-10 单击"打开"按钮

步骤03 ▶选择工具箱中的"裁剪工具" ,对图片的宽度、高度和分辨率进行调整,还可以让图片按一定角度旋转。

(2)给图片添加文字或品牌Logo

① 添加文字

步骤01 ▶选择工具栏"文字工具" 中的"横排文字工具"或"直排文字工具",在工具属性栏中可设置文字的字体、字号、颜色等(见图5-11)。

图5-11 工具属性栏

步骤02 ▶在图片中计划添加文字的位置单击,鼠标光标闪动后,录入文字;录入完毕后,使用自由变换组合键"Ctrl+T"调整文字大小。

步骤03 ▶单击工具栏中的移动工具 ，将鼠标指针移动到录入的文字上，按住鼠标左键，通过拖动的方法变换文字的位置。

② 添加品牌Logo

步骤01 ▶单击"文件"菜单，在打开的下拉菜单中单击"置入"命令（见图5-12），通过文件路径选择品牌Logo文件，单击右下角"置入"按钮，即可将品牌Logo置入图片中。

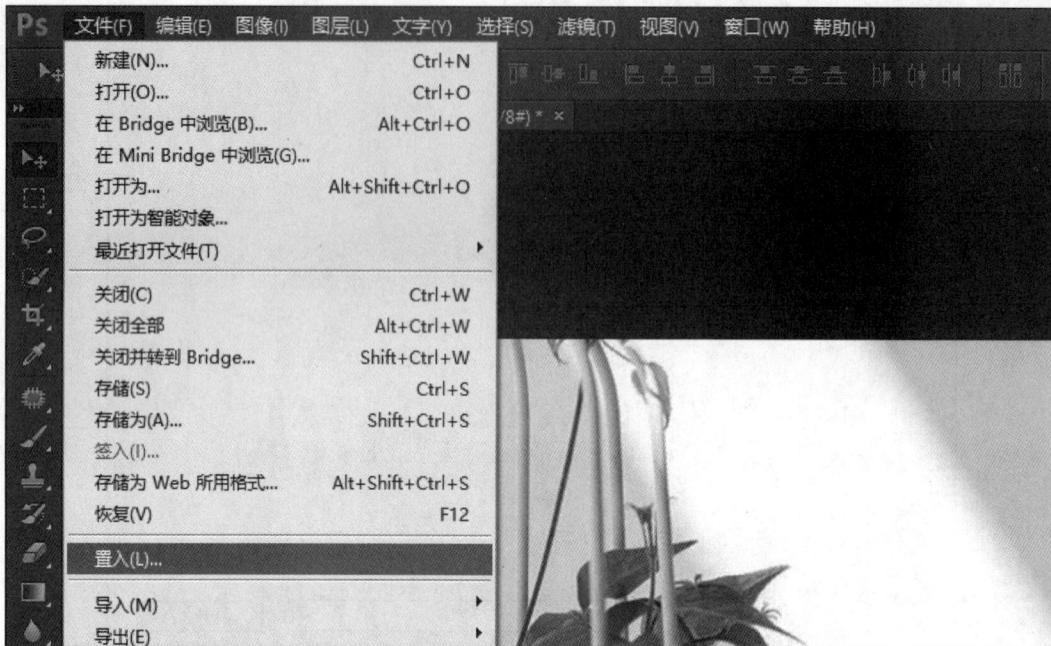

图5-12 单击"置入"命令

步骤02 ▶使用自由变换组合键"Ctrl+T"调整品牌Logo的大小，使用移动工具 调整Logo的位置。

③ 给文字或图形添加效果

针对添加的文字或Logo，可以为其添加"描边""投影""外发光"等效果。

步骤01 ▶在图层面板选择文字图层。

步骤02 ▶单击"图层"菜单，在打开的下拉菜单中依次单击"图层样式"—"描边"选项，在设置框中设置合适的参数。

（3）存储图片文件

步骤01 ▶单击左上角"文件"菜单，在打开的下拉菜单中依次单击"导出"—"存储为Web所用格式"选项（见图5-13），弹出"存储为Web所用格式"对话框。

步骤02 ▶单击"存储"按钮，弹出"将优化结果存储为"对话框，在对话框的右上角选择相应的文件格式，设置"品质"参数，可以调整图片的色彩；如果想要更小的图片，可以选择更小的颜色范围，然后单击"存储"按钮。

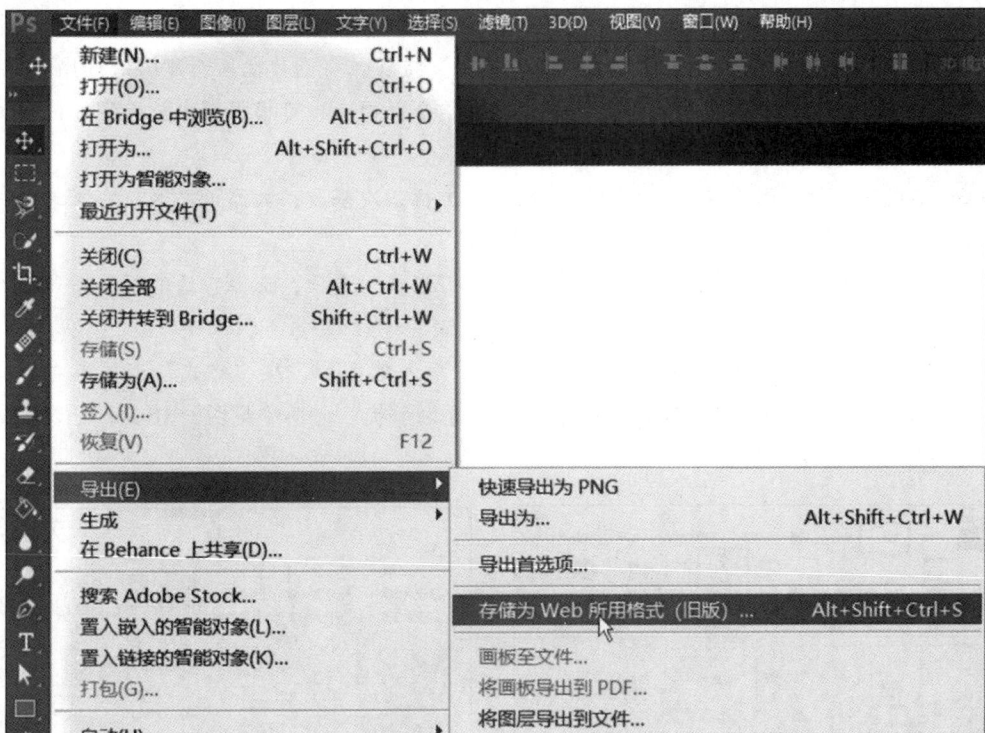

图5-13　存储步骤

2. 使用PowerPoint裁剪封面图

巧用PowerPoint也可以对图片进行修改。下面介绍如何用PowerPoint裁剪图片，具体操作步骤如下。

步骤01 ○启动PowerPoint软件，依次单击幻灯片顶部的"设计"—"幻灯片大小"—"自定义幻灯片大小"选项，在"幻灯片大小"对话框中输入宽度和高度（此处以厘米为单位），如图5-14所示。

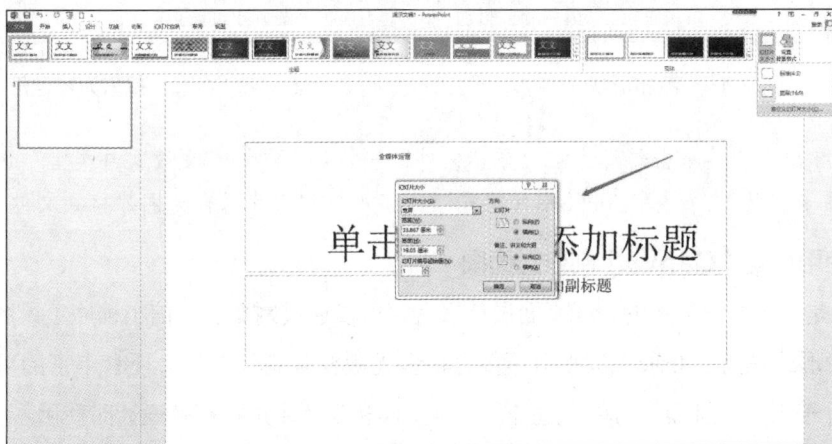

图5-14　设置幻灯片大小

步骤02 ▶设置好幻灯片大小后，单击幻灯片顶部的"插入"—"图片"选项，然后在弹出的对话框中找到需要插入的图片，单击右下角"插入"按钮，将图片插入新建的幻灯片中。

步骤03 ▶单击图片，调整图片大小，使图片充满整个页面；也可根据需求放大图片，去掉多余的边缘，让图片在页面中只保留需要的区域。

步骤04 ▶根据对封面图的要求，可以在封面图上进行二次修改，如添加文字：在菜单栏中单击"插入"—"艺术字"选项即可。

步骤05 ▶添加形状。在菜单栏中单击"插入"—"形状"选项，选择合适的形状插入幻灯片中（见图5-15）。

步骤06 ▶如需将图片调整为特殊形状，则需单击插入的图片，在"格式"选项卡右侧"大小"组中单击"裁剪"，在下拉选项中单击"裁剪为形状"选项（见图5-16）。可以根据需要将图片裁剪为特定形状。

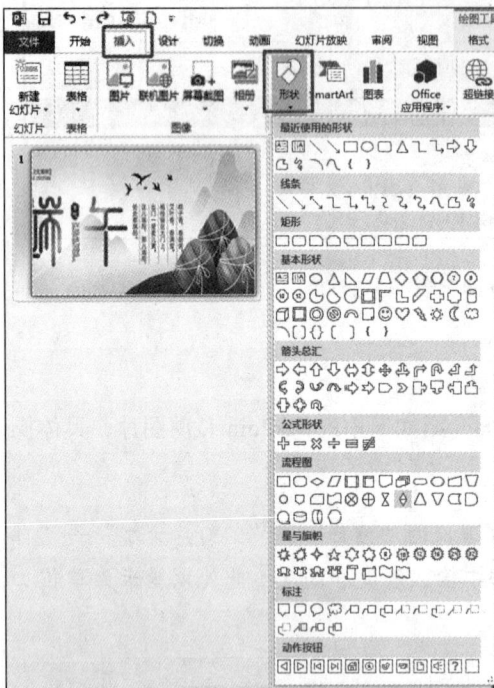

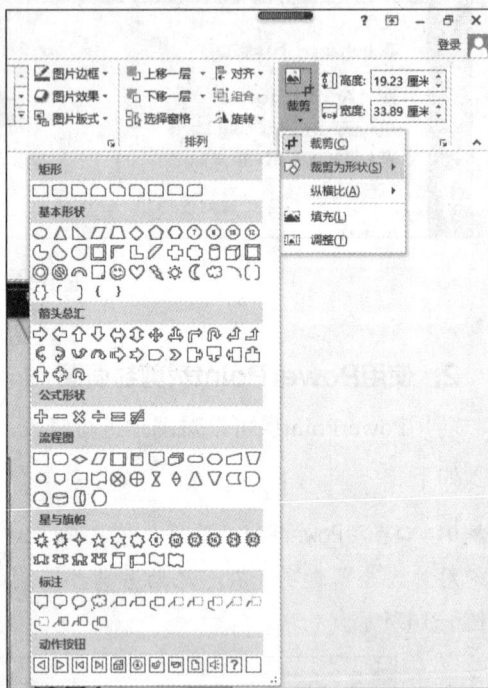

图5-15　添加形状　　　　　　　　图5-16　将图片裁剪为特定形状

步骤07 ▶导出图片。单击幻灯片左上方"文件"—"导出"—"更改文件类型"选项，在文件类型选项卡中双击，选择"JPEG图片格式"，将当前幻灯片保存为图片格式文件。

3. 使用可画（Canva）制作封面图

Canva是一个方便简洁的在线平面设计平台，可以通过网页、微信小程序（见图5-17）和App等几种形式注册、登录。该平台不仅有很多无版权限制的图片，还有丰富的可免费修改使用的设计模板，而且操作简单，适合在日常工作和生活中进行图片设计时使用。

图5-17　Canva微信小程序界面

以微信小程序为例，其操作步骤如下。

步骤01 ▶在微信搜索栏中搜索"Canva"小程序，打开其工作界面。界面中提供了海报（竖版）、演示文稿（16∶9）、手机海报、Logo、微信朋友圈、手机壁纸、微信公众号封面、简历等数十种类型的模板供设计者使用。

步骤02 ▶根据需要选择合适的模板。模板中的文字都可以修改或删除，模板中的图片也可以通过替换或添加进行修改。

步骤03 ▶设计者根据需求，先点击模板中的相关内容，然后选择模板下方的相应操作选项，即可完成个性化设计。

文字修改选项主要包括编辑、字体、文字样式、字体大小、颜色、格式、间距、特效、动效、透明度等。

图片图形修改选项主要包括：替换、图层、滤镜、调整、剪裁、翻转、动效、透明度等。

类似的在线平台还有创客贴、懒设计等。在这些在线平台上进行图片编辑制作，基本都是遵循"挑模板—改要素—导出"3个步骤，稍加用心，精美的设计图就会呈现。

5.1.3 设计制作信息长图

信息图通过将文字信息和数据信息重新包装，点缀以元素，形成内容丰富的图片，给读者提供一种轻量化的阅读体验。随着移动端用户量的增加，普通信息图已经不能满足手机屏幕尺寸的阅读场景，渐渐演变成了信息长图（见图5-18）。

图5-18　信息长图

1. 信息长图设计理念

人们常说"一图胜千言"，信息长图并非简单地把普通的图片进行加长处理，而是借助长图模式，设计、构思长图所包含的内容，通过信息长图将大量的文字转化为易于阅读、传播的图片，以此来形象地描述一个完整的事项。设计信息长图要考虑以下几点内容。

（1）明确信息主题

信息长图要想表达一个完整的事项，首先需要明确主题，然后围绕主题确定文字信息。

（2）确定设计风格

不同主题的信息长图对设计风格有不同的要求，如果设计者还没有确定理想的设计方案，可以搜索、浏览一些优秀的信息长图，加以借鉴。

（3）确定设计结构

信息长图在结构上要主次分明，首先要突出核心内容，对重点内容重点突出，辅助内容附加使用。在图层顺序上，信息长图要划分好背景层、逻辑元素层和文字层。背景层和逻辑元素层要相互叠加映衬，并通过使用序号、线条、色块等对上下文信息进行逻辑梳理；文字层内容则要尽量精简，避免堆砌，从而形成精美的图文混排信息长图（见图5-19）。

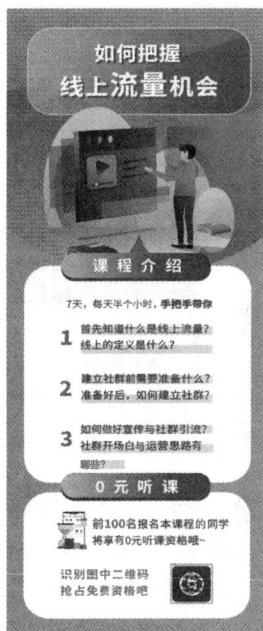

图5-19　图文混排信息长图

2. 使用创客贴在线制作信息长图

信息长图的具体设计分为直接设计长图和设计拼接图两种。使用Photoshop可很专业地设计长图，但其难度较大，需要通过较复杂的操作才能完成，而使用创客贴、Canva等在线设计平台基本可以轻松完成。下面以使用创客贴在线设计信息长图为例，其具体操作如下。

步骤01 ▶登录创客贴首页，在界面左侧"模板中心"栏中单击"营销海报"选项，再单击"长图海报"选项进入信息长图模板界面（见图5-20）。

图5-20　创客贴信息长图模板界面

步骤02 ▶选择一个合适的模板，单击预览即可进入设计制作页面（见图5-21）。

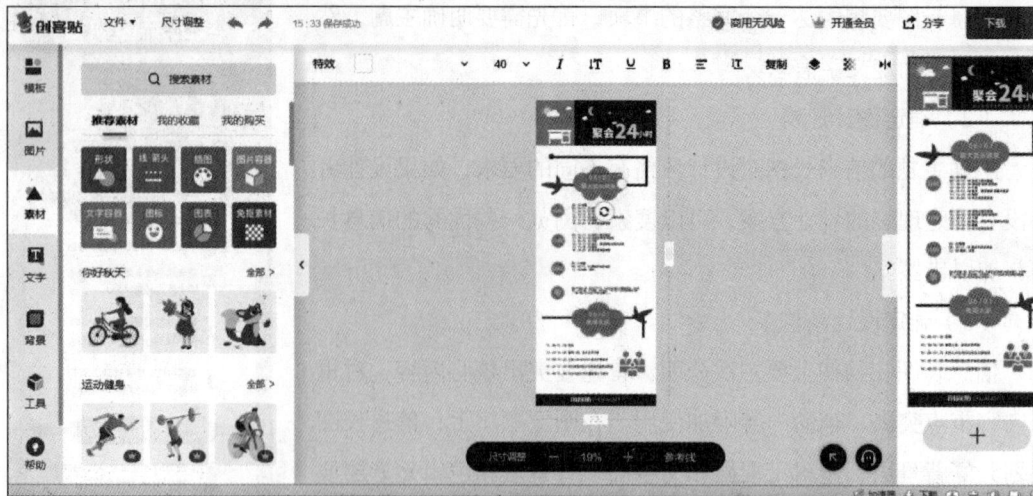

图5-21　创客贴信息长图设计制作界面

步骤03 ▶双击文字，可对相应的文字进行修改，包括对文字内容、字号、颜色、加粗、斜体、下划线和特效等的修改。

在界面左侧，单击"图片"选项，可以添加分类图片素材。平台提供了大量图片素材，可根据需要挑选使用。单击"素材"选项，可以添加形状、箭头、矢量图、图片容器（可将图片变换为特定形状）、文字容器、图标、图表及大量PNG格式图形图像素材；单击"文字"选项，可以添加自定义文字或特效文字；单击"背景"选项，可以更换背景色或背景图，其中单击"自定义背景"选项，可以将背景更换为自己下载或拍摄的图片；单击"工具"选项，可以添加自定义图表，还可以生成二维码；单击"上传"选项，可以上传计算机（手机）中设计、拍摄的素材。

创客贴微信小程序、App同样可以完成相关设计制作工作，方法与网页版基本一致。另外，随着信息长图的广泛使用，类似的设计平台越来越多，比如爱设计、懒设计、图怪兽、图司机等，不同的平台有不一样的模板风格，但操作方法基本一致，新媒体营销从业人员可以根据自己的需求和爱好选择合适的平台。

5.1.4　设计制作九宫格图

九宫格图是指由9个独立方格图按照三横三纵的方式组合而成的图片，是海报设计及新媒体配图时常用的图片类型，可以让图片别具一格，看起来更美观。

使用PowerPoint就可以实现九宫格图的设计制作，具体操作方法如下。

步骤01 ▶新建空白PowerPoint文档后，单击菜单栏中的"插入"选项卡，单击"插图"组的"形状"，在下拉菜单的"矩形"组中单击第一个矩形图形（见图5-22）。

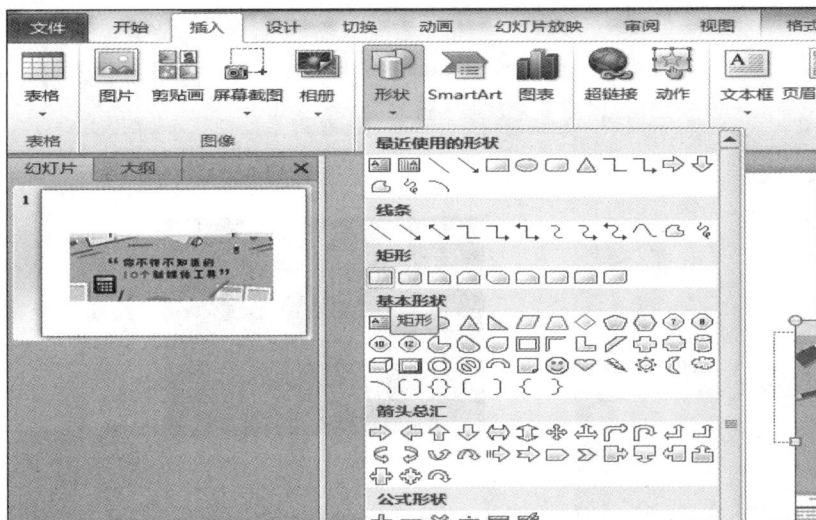

图5-22 插入矩形图形

步骤02 ▶按住"Shift"键，在PowerPoint空白页上按住鼠标左键拖动鼠标画出一个正方形。

步骤03 ▶将正方形调整到合适大小，右击正方形，在弹出的菜单中单击"复制"选项，然后按"Ctrl+V"组合键，在页面上粘贴8个同样的正方形方格，依次拖动各方格，并使用"页面布局"菜单中的对齐工具，按三横三纵排列形式调整成九宫格框架，方格间距适中即可（见图5-23）。

图5-23 九宫格框架

步骤04 ▶新增加一个空白页，单击"插入"—"图片"按钮，按照文件路径找到需要添加的图片，双击要添加的图片，将图片插入PowerPoint页面中。在菜单栏"格式"选项卡中单击"裁剪"工具，在打开的下拉菜单中选择"纵横比"为方形1:1（见图5-24），按"Enter"键，将图片裁剪成正方形，最后按"Ctrl+X"组合键执行"剪切"命令。

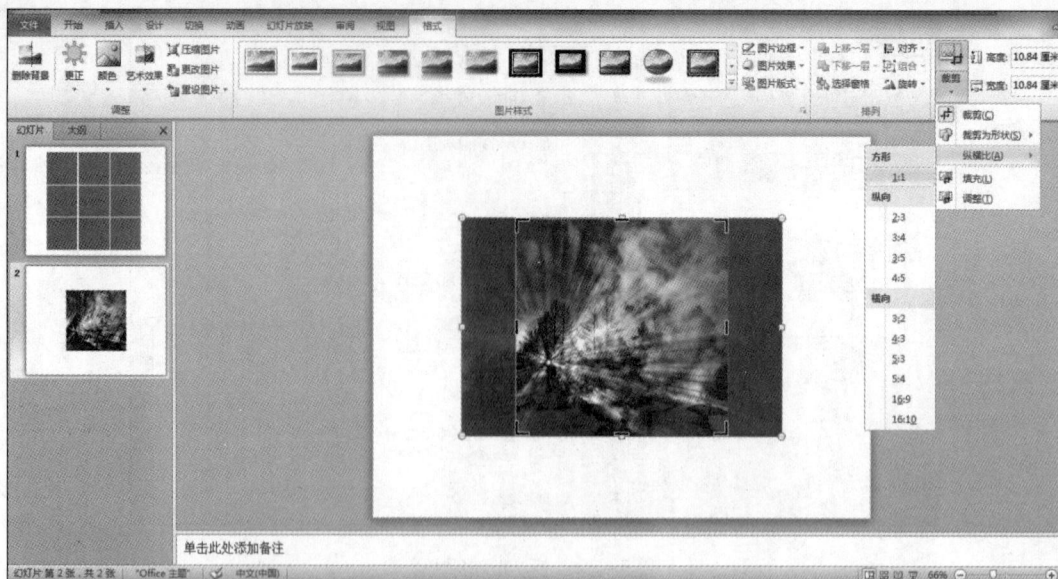

图5-24　裁剪图片为正方形

步骤05　▶右击九宫格框架中需要插入图片的方格，在弹出的"设置图片格式"对话框中依次单击"填充"—"图片或纹理填充"—"剪贴板"选项，上一步裁剪好的正方形图片将自动填充到选中的方格中（见图5-25）。

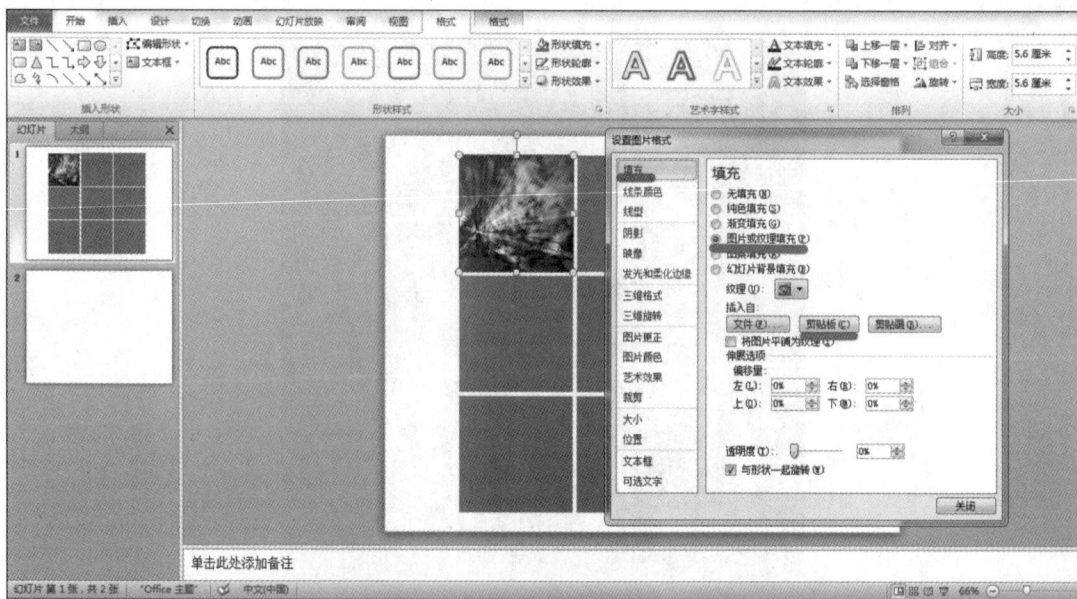

图5-25　将图片填充到方格中

步骤06　▶使用相同的方法，分别填充其他8个方格。

步骤07　▶单击菜单栏"文件"—"另存为"选项，更改文件保存类型为"PNG可移植网络图形格式"，选择合适的存储路径，即可导出当前九宫格图。

另外，不少在线平台都可以自动生成九宫格图，例如Canva、美图秀秀、海报工厂、爱设计、图司机等。在平台中搜索"拼图""九宫格"等关键词，可找到图片拼接模板，导入图片生成即可。微信搜索"切图""九宫图"小程序，也能实现更多类型的创意拼图设计。

5.1.5　设计制作GIF图

图像互换格式（Graphics Interchange Format，GIF）是网络媒体常用的图像格式。GIF分为静态GIF和动画GIF两种，文件扩展名为".gif"，适用于多种操作系统，"体型"很小，网络上很多动画都是GIF格式的。其实GIF是将多幅图像一帧帧串联起来，保存为一个按自动顺序播放的图像文件，从而形成动画的。GIF是一种在网络上非常流行的图像格式，具有以下优点。

GIF软件优秀的压缩算法在一定程度上保证了图像质量，同时将文件大小变得很小，可以插入多帧图像，从而实现动画效果；也可以将两帧图像重叠并设置透明色，以产生图像浮于背景之上的效果。我们可以借助社交平台支持GIF图的特点，让配图产生视频效果。

在图文消息中根据文字内容配上恰当的GIF图，能为文案增添不少趣味。设计者可以在GIPHY、SOOGIF、花瓣网等网站下载精美的GIF图，也可以自行制作需要的GIF图。

1. 录制计算机屏幕制作GIF图

当需要把较短时间的计算机屏幕演示、操作过程或网络视频片段通过社交媒体展示时，可以使用LICEcap或GifCam等软件，通过录制计算机屏幕制作GIF图。

（1）利用LICEcap制作GIF图的方法

打开软件，可使用鼠标拖动录制框的任意一角调整录制框的大小和位置，把所需录制的内容完全置于录制框内。单击右下角的"录制"按钮（见图5-26），在弹出的保存文件的对话框中选择文件保存路径并输入文件名，单击"保存"按钮，延迟1～2秒即启动录制，延迟时间内还可以继续调整录制框。当录制框左下角开始显示计时时，代表开始录制了。录制过程中，可以单击右下角"暂停"按钮暂停录制，单击"继续"按钮继续录制。录制完毕，单击"停止"按钮即可。

（2）利用GifCam制作GIF图的方法

打开软件，可使用鼠标拖动录制框的任意一角调整录制框的大小和位置，把所需录制的内容完全置于录制框内，单击"录制"按钮开始录制（见图5-27）。开始录制时，"录制"按钮会自动变成"停止"按钮，单击"停止"按钮可暂停录制；暂停录制后，该按钮会变成"开始"按钮，再次单击将继续录制。录制完毕，单击"保存"按钮保存录制文件。

图5-26　LICEcap制作GIF图界面

图5-27　GifCam制作GIF图界面

2. 利用视频播放器截取GIF图

QQ影音、迅雷影音等播放器都具有截取视频片段生成GIF图的功能，下面以QQ影音为例。

步骤01 ▶使用QQ影音打开目标视频，在视频播放过程中或暂停状态下，单击右下角的 ▓，在弹出的菜单中单击"动画"选项（见图5-28）。

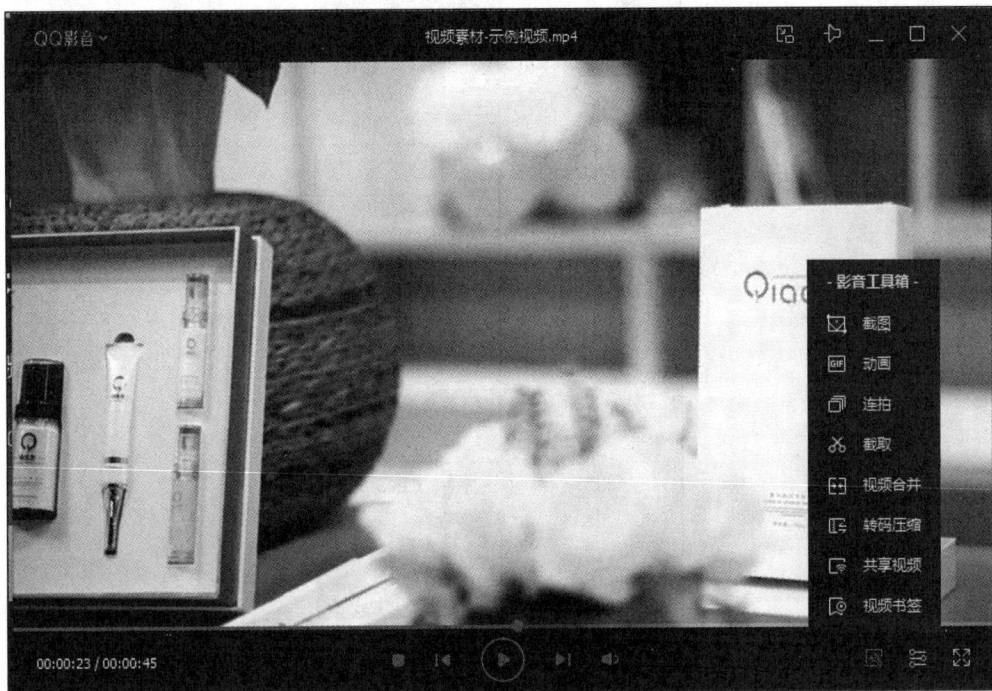

图5-28　QQ影音录制GIF图界面

步骤02 ▶在弹出的GIF图制作界面中，时间进度条中有一个标注20秒的时间线，用鼠标指针拖住时间线左右移动，可以控制GIF图在视频中的起点时间；通过滑动时间线右侧的蓝色滑块，可以调整截取视频的时间长度，最长支持20秒；同时可以通过"微调"选项来精确控制GIF图的起点和终点。

步骤03 ▶调整图像尺寸，在"动画尺寸"下拉菜单中选择图像尺寸类型，采用大尺寸所截取的GIF图占用空间较大。

步骤04 ▶在"动画速度"下拉菜单中可以更改GIF图的播放速度。

　　在GIF图制作过程中，可以单击"预览"按钮以确定截取的内容是否合适，截取完成后单击"保存"按钮。

3. 利用手机应用制作GIF图

　　在手机上，下载并安装美图GIF（以安卓版为例），进入软件后可以看到"特效GIF""魔术GIF""GIF相册"3个功能选项（见图5-29）。利用"特效GIF"，可以将手机中下载或拍摄的图片按顺序置入软件，并对图片数量及持续时间进行设置，然后通过连续播放图片合成一张GIF图，也可以直接录制一段视频，生成GIF图。利用"魔术GIF"可以制作具有特效的GIF图，软件内有详细的操作方法教学视频，可以观看学习。"GIF相册"是GIF图制作完成后的保存位置。

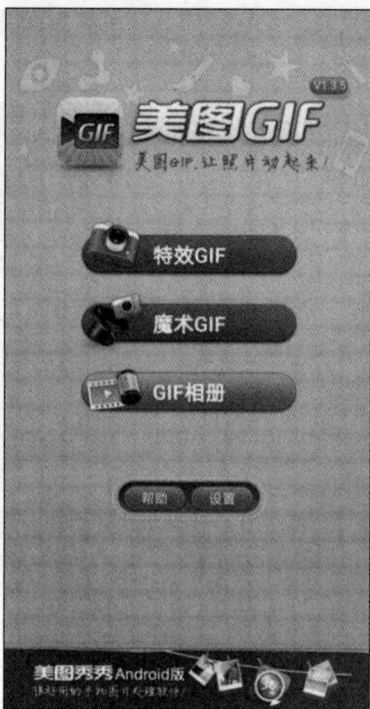

图5-29　美图GIF首页

4. 利用网络在线平台制作GIF图

SOOGIF是功能较全的GIF图在线制作平台，可以对GIF图进行压缩、裁剪、编辑和缩放等操作，还可以进行在线录屏、多图合成GIF、GIF拼图、视频转换GIF等操作，SOOGIF首页如图5-30所示。

图5-30　SOOGIF首页

5.1.6 生成与美化二维码

读图时代，二维码的应用减少了信息沟通成本，提高了营销和管理效率，二维码已经成为互联网平台便捷展示信息和宣传自己的重要手段之一，而且生成二维码的工具很多，使用起来也比较方便。但是，因为追求美观等因素，媒体宣传已经不再满足于使用传统的黑白方块二维码，往往需要更加美观、个性化的呈现效果。鉴于此，草料二维码等网络平台为用户提供了二维码的生成和美化服务（见图5-31）。

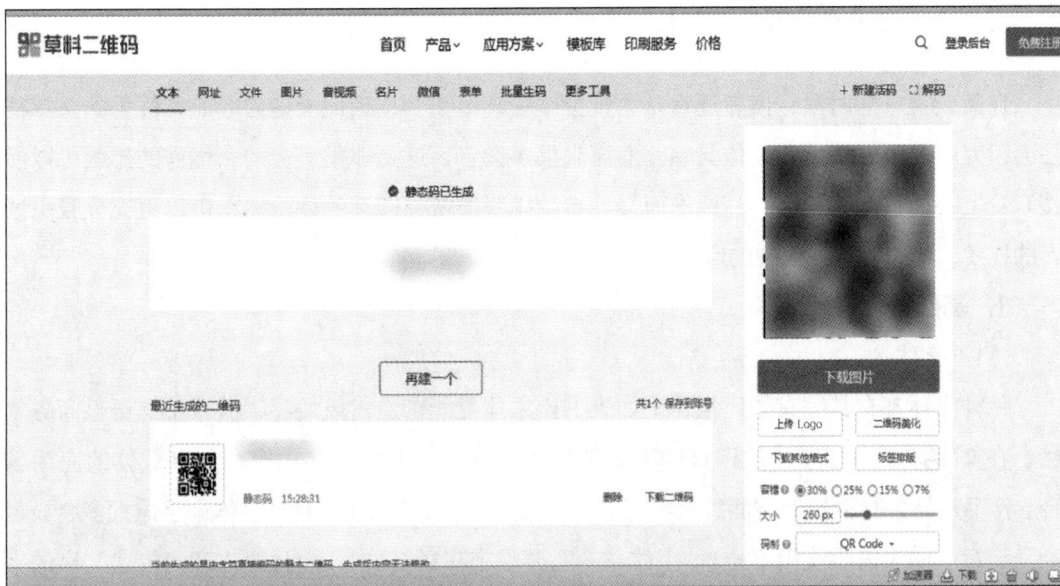

图5-31　草料二维码在线服务网站生成二维码界面

草料二维码是一个二维码在线服务网站，提供二维码生成、美化、印制、统计、管理等技术支持，可以制作多种类型的二维码，同时可以实时统计二维码扫描量；也可以进行二维码批量生成，提高效率。

通过草料二维码这个网站，不论是链接、文字、图片、视频还是其他格式的文件，均可生成二维码。选择对应功能，输入相应的内容或上传文件后，单击"生成二维码"按钮，即可生成一个二维码。草料二维码还可下载各种尺寸及格式的二维码，也可单击"美化器"，通过添加Logo、更换二维码样式与颜色、添加背景图等操作对生成的二维码进行美化。

草料二维码支持生成活码。活码理论上指向一个网址，二维码图案不变，网址内的内容可以随时变换，可以放置图片、视频、音频等多媒体内容。比较而言，活码的内容具有更强的灵活性和更大的可扩展性。

5.2 新媒体排版技能

文字是新媒体视觉内容的重要组成部分，以文字为中心的文字排版已经成为一门艺术。看似简单的文字位置摆放，实际上是一项复杂的技能。一个完善的文字排版方案需要综合考量字体、字号、加粗、阴影、颜色、文字内容、应用场合、文字数量、产品或品牌的风格，以及标题与正文之间的关系、文字与文字之间的距离等诸多因素。

5.2.1 排版的视觉优化

在阅读文章的时候，读者通常认为视觉体验感很重要，因此一些内容非常优秀的文章往往会因为版式不好造成阅读体验感差而流失很多读者，这是非常可惜的。优秀的排版可以使文章看上去简洁而又美观，高标准而又独特的排版能增强阅读的体验感，可以更充分吸引读者的视线，给读者留下深刻的印象。

1. 基础排版

（1）字体

每种字体都有其固有的风格，比如隶书比宋体更能营造古风质感，微软雅黑更显商务气息。在文字排版中，字体的选择并不是随机的，而是要根据文字内容和文字载体的应用场合、产品风格、易读性等方面综合考虑。在一篇文案中，尽量使用1种字体，字体太多会显得杂乱无章。如果需要使用不止1种字体，一般要限制在3种以内，而且要注意同位次文字的字体要统一。例如，选择3种字体时，可以1种用于标题，1种用于正文，1种用于注释。

（2）字号

字号是字体大小的单位描述，字号的选用需要考虑文字发布的渠道。在新媒体平台中，文字常常以纯文本、海报文本、视频文本的形式出现。读者往往是在计算机或者手机上阅读，设计者应根据读者的阅读场景，恰当地选用字号，使读者在有限的空间中获得重要信息和良好的视觉感受。在以文字为主要表现形式的网页、公众号等平台中，视觉效果较好的字号为14～18px，文案正文的字号建议使用14px、15px，如果字号过大，文章整体给人的感觉会不够精致，如图5-32所示。

> ✎ **12px**：用于注释、标注来源等。
> ✎ **14px**：适合文艺类、情感类等文章。
> ✎ **15px**：中规中矩，不会出错的字号。
> ✎ **16px**：字号偏大，视觉上不够精致。

图5-32　字号大小对比

在海报、视频中，特殊字体使用得较多，这时字号就可根据艺术需要设置，甚至可以采用字号悬殊或字号不均等艺术效果，如图5-33所示。

图5-33　字号大小对比效果

另外，因不同文案的主要受众不同，所以要根据受众考虑字号大小。例如，老年人和孩子的阅读速度相对较慢，那么在主要针对老年人和孩子的文案中，字号就应该设置得稍大一些，以降低阅读难度。

（3）颜色

字体颜色与背景颜色是文案的重要组成部分。一方面，恰当的背景颜色有助于突出显示文字内容，起到强调作用；另一方面，不同的颜色给人带来的视觉体验不同，恰当地使用字体颜色，可以起到烘托文字氛围的作用。

字体颜色使用最多的是白色和黑色等无彩色，在有彩色里面，黄色、褐色、红色的近似色是使用最多的。很多媒体在排版时会使用背景色。一般来说，浅色背景要搭配深色字，深色背景要搭配浅色字。色彩中偏深的颜色有深蓝色、暗红色、紫色、红色、纯黑色等，偏浅的颜色有浅黄色、浅灰色、绿色等。

深色背景的一般搭配规律是，黑色背景搭配纯白色、橘黄色、浅黄色、浅青色的字效果较好，而搭配蓝色、暗红色、紫色的字效果较差；深蓝色背景搭配纯白色、橘黄色、浅黄色的字效果较好，搭配暗红色、紫色的字效果较差；深绿色背景搭配纯白色、黑色、橘黄色、浅黄色的字效果较好，搭配暗红色、蓝色、紫色的字效果较差；深灰色背景搭配白色、浅红色、浅黄色的字效果较好；深蓝色、深红色背景搭配白色或黄色的字效果较好。

浅色背景的一般搭配规律是，白色背景搭配纯黑色、深蓝色、深红色、深绿色等颜色较深、明度较低的字效果较好，搭配浅黄色、浅灰色、绿色的字效果较差；浅绿色背景搭配纯白色、橘黄色、浅黄色的字效果较好，搭配蓝色、暗红色、紫色的字效果较差；浅黄色背景搭配黑色、红色的字效果较好，搭配浅蓝色、浅绿色的字效果较差；浅红色背景搭配纯白色、深紫色、褐色、咖啡色的字效果较好；浅蓝色背景搭配深蓝色、黑色的字效果较好。

（4）字间距与行间距

字间距，也叫字符间距，指相邻的字与字之间的距离，会影响一行文字的疏密度。行间距是指相邻的行与行之间的距离。字间距和行间距在文案中的作用是改变文字密度并有效引导阅读。在排版时应对文字的字间距、行间距进行精心设计。

在排版时，特别是当纯文字版面较多时，因为软件根据字体特点已设置了较合适的字间距，设计者往往会忽略字间距的设置，而选择默认字间距。实际上，考虑字体、字号等要素来合理调整字间距会让你的设计与众不同。特别是在海报、Banner这类宣传品的设计中，文字通常比较少，也谈不上形成段落，这时字间距可以大一些，这样会显得版式疏松，呈现出一种优雅宁静的感觉。

行间距也是如此，行间距太小或太大都会让阅读变得困难，还会使布局不够美观。行间距和行高又是密不可分的，比如行高为10px，行间距如果为2px，也就是行高的1/5，版面看起来就会比较挤，不易阅读。如果行间距设置为5px，也就是行高的1/2，阅读起来就比较舒畅、轻松。所以合适的行间距是一个相对值，一般行间距可设置为行高的1/2至等于行高。设置行间距时还必须注意字间距，字间距较大时，行间距也要相应扩大，否则阅读时可能会出现纵横错乱的问题。

（5）段间距与页边距

段间距是指相邻的段与段之间的距离。因为长段落会让读者产生阅读压力，所以要在每个段落之间留出距离，明显区分上下段，形成段落间的阅读缓冲区，从而减少长篇文字给读者带来的压迫感。适当的段间距还可以分出逻辑段落上的层级，让读者认为这是一篇结构分明的文章。

图文混排时，通常图片和文字段落之间要空一行（见图5-34），这样显得更加简洁、美观，更容易让读者继续读下去。

页边距是指页面中文字四端与页面边线之间的距离。恰当的页边距能够让文本内容处于较合理的空间当中，使得文本内容的视觉效果更好。如果是需要印刷的图文设计，更要考虑印刷品的裁剪、装订，留出足够的空间。

（6）对齐方式

对齐方式设置是设计者在排版设计中必须掌握的技能。4种常见的对齐方式是左对齐、居中对齐、右对齐、两端对齐。

标题使用左对齐和居中对齐比较多。正文一般为两端对齐，这样文章左右两端看起来更加整齐统一。段落中有邮箱地址、网址时，使用两端对齐可能会使字间距显得比较奇怪，这时可以适当改用居中对齐或左对齐，

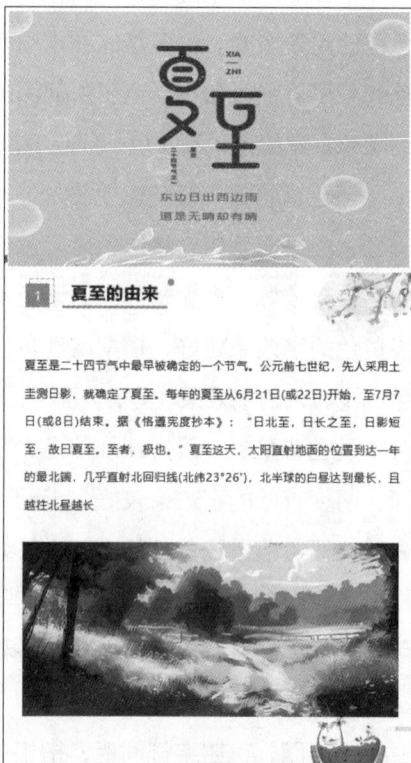

图5-34　图文空行示例

并善用换行改善排版效果。诗歌或者广告文案可以选择左对齐、居中对齐、右对齐3种对齐方式。

2. 视觉优化

优秀的排版可以提高读者的阅读积极性，反之，差的排版只会降低读者的阅读积极性。良好的版面布局还可以提升品牌形象，让读者产生亲切感，引导读者进行关注、转发、点赞、购买等，促进转化。

版面布局怎样才能既满足读者需求，又便于搜索引擎抓取呢？下面以微信公众号文案排版为例进行讲解。

（1）正文排版优化

微信公众号文案正文一般分为顶部引导、正文和底部引导3个部分。

顶部引导：作为读者点击文案第一眼看到的内容，顶部引导不仅决定了读者会不会继续阅读这篇文案，还有引导关注、点赞、置顶账号和植入Logo或者品牌文化的作用。在使用顶部引导时，需要注意图片的长宽比，避免占用大块空间。

正文：排版时，如果想让读者重点关注某段话，或者想使某段话给读者留下深刻印象，可以使用加粗、改变字号、改变字体颜色、使用字体背景色等方法来突出重点内容。另外，加下画线、使用斜体和增大字间距等也可以起到突出强调的作用。

一般我们在写文章时，总是习惯在段落首行缩进两个字符，但是对于微信公众号等新媒体发布的图文信息，因读者多使用移动端阅读，段落首行缩进两个字符反而不好看，因此微信公众号文案一般不做字符缩进处理。

底部引导：可以在底部添加有设计感或者有趣的内容来留住读者，也可以在底部添加引导读者继续阅读平台内其他文案的内容。一般在底部引导部分可以添加图文来源、话题互动、往期推荐、二维码、阅读原文等链接。

（2）图文排版的误区

排版的目的是让读者阅读起来更舒服，理解起来更容易、更快捷。有些设计者为了博眼球，会采用一些过度渲染的排版效果，这样可能会适得其反，让读者只关注版式，甚至引起读者的反感。图文排版中存在以下误区。

误区一：动态背景。版面不能过于花哨，否则会让人感觉眼花缭乱，简洁大方才是最合适的。使用动态背景往往会干扰读者，给阅读带来困难。

误区二：颜色过多。排版是为了提升读者的阅读体验，颜色过多的版面只会带来不好的效果，让读者很难确定哪些是重要内容。

误区三：风格不定。排版应尽量固定艺术风格，这样有利于读者记住你的风格，可以更好地树立品牌形象，提升品牌辨识度。

误区四：罔顾内容。不同的内容应当选择不同的字体。字体从视觉上可以分为好玩的、严谨的、浪漫的、随性的、现代的、复古的等。如果选用的字体和图文内容不匹配，会造成脱节、疏离及违和的感觉。例如，悼念文稿是严肃悲伤的，就不要用活泼好玩的字体；总结报告是严谨的，就不能用充满童真的字体或者装饰性字体；同样，充满张力的海报用普通字体自然也是设计上的失误。

5.2.2　创意字设计

创意字是文字在传播和应用过程中的一种变形。创意字设计没有固定版式和固定字体可以套用，其本质是，设计者在不破坏文字本身形状的基础上，通过对文字含义和图文内容的理解，把文字的含义与形状进行创意结合的体现。创意字的设计非常考验设计者对文字形状的驾驭能力和对文字含义的理解能力。

1. 创意字

在品牌名称及海报中经常会用到创意字。在新媒体视觉营销中，字体必须拥有营销价值，使读者记住名字或产生购买行为，如淘宝网、当当网等品牌的Logo（见图5-35）。创意字更能突出品牌感，往往文字标志本身就是品牌名称，视觉效果直观。好的创意字设计能深入人心。

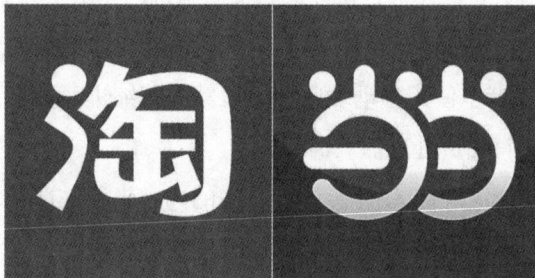

图5-35　创意字案例

创意字设计作为一项艺术性工作，没有固定的规则，没有详细、固定的步骤，具体设计完全取决于设计者对文字的理解和独具匠心的构思。原来，创意字的主要设计工具是Photoshop与Adobe Illustrator，这需要进行较长时间的专门学习；而现在，一些在线网站提供了较为丰富的设计模板供设计者快速完成创意字的设计工作，如美术字、在线书法等网站。

2. 文字云

文字云是一种文字呈现形式，以图形化排版来表达某个概念或形象。文字云由文字和图形组成，文字是围绕主题展开的主要关键词，图形是以主题为核心的相关图形。文字与图形在表达内容和形象展示上互相补充，形成一种新型文字处理技巧。

图5-36所示为与营销相关的创意文字云案例，其中文字部分是以营销为主题展开的关键词，图形部分是一个点赞的形象，二者结合就形成了文字云。

图5-36 文字云案例

文字决定内容呈现。文字是文字云的内容部分，是读者看到文字云后获取文字云信息的核心。文字云中包含大量的关键词，这些关键词信息紧紧围绕某一主题或要展现的某一形象展开。关键词对主题的描述越详细，越能突出表达主题。

例如，在与城市生活相关的文字云中，"城市生活"就是文字云要表现的主题（见图5-37）。展开联想就会发现，与城市生活相关的关键词包括公交、地铁、出租车、医院……

图5-37 "城市生活"主题文字云

图形决定创意呈现。图形是文字云的升华部分，主题或形象通过具体的图形进行形象化展示。文字云的图形可以分为文字图形、形象照片、地图、Logo等。

目前文字云主要利用办公软件或在线工具生成，具体操作可扫描二维码查看微课视频。

（1）使用PowerPoint插件设计文字云

进入口袋动画PA官网，单击"免费下载"安装PowerPoint插件"口袋动画PA"。安装完成后，插件将会在PowerPoint顶部菜单栏生成一个"口袋动画PA"选项卡（见图5-38）。

步骤01 ▶选择形状。登录后单击"文字云"选项，在弹出的"文字云"对话框中单击"云形状"选项，选择想要生成的文字云形状（见图5-39）。如果没有合适的图形，可以单击"自定义形状"选项，上传计算机中保存的图形进行创作。

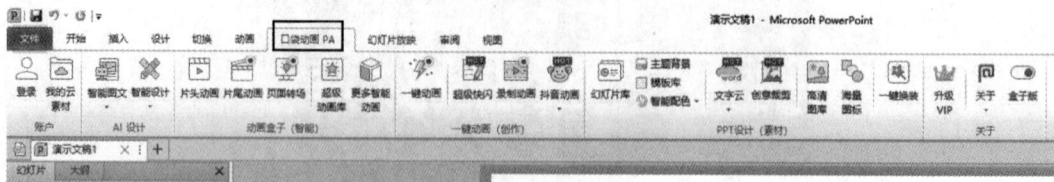

图5-38　PowerPoint菜单栏

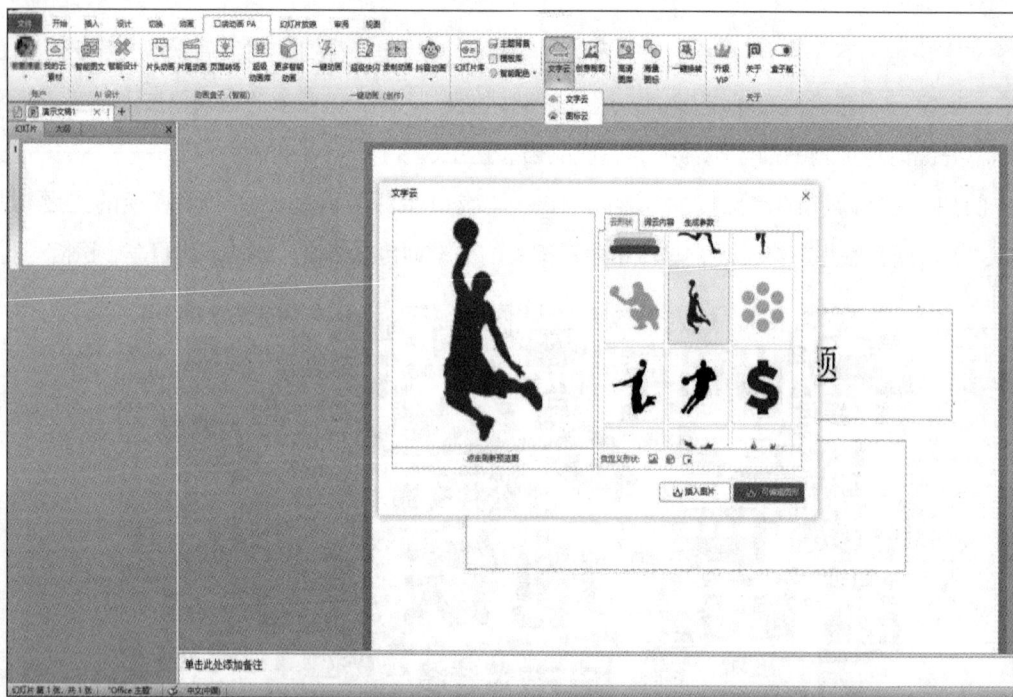

图5-39　选择文字云形状

步骤02 ▶录入文字。在"词云内容"选项框中输入文字云的文字部分，分别设置"内容"和"强调次数"，其中"内容"是指文字，"强调次数"是指文字出现的次数，其出现次数越多，在文字云中呈现的字体越大。如果事先已经确定好了文字内容，用户可以把文字复制到TXT

文件中，在"词云内容"选项框左下角单击"选择文件"按钮，导入本地计算机中的TXT文件便可快速录入文字。文字录入结束后，单击"点击刷新预览图"按钮，即可查看文字云。

步骤03 ▶调整参数。在"生成参数"界面中（见图5-40），用户可以对文字云进行详细的编辑，其中可编辑的内容包括内容重复、旋转角度、动画方案、紧密度、字体方案、最大字号、背景填充、图形配色等。设置完动画方案后，单击"可编辑图形"按钮即可生成带有动画效果的文字云；若单击"插入图片"按钮，则生成的是一张文字云图片。

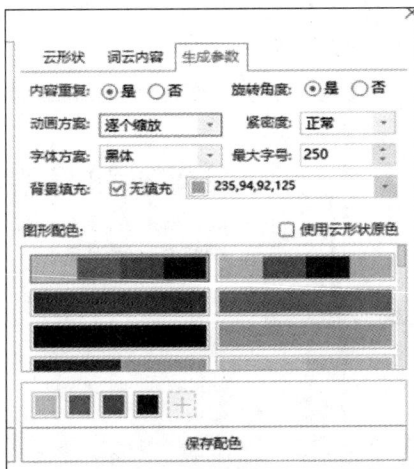

图5-40 文字云"生成参数"设置界面

（2）通过在线平台设计文字云

微词云平台为用户提供了丰富的文字云设计模板，并且有完整的操作方法视频教程供初学者学习。进入微词云网站首页（见图5-41），登录账户，单击"开始创建"，即可开始设计文字云。

图5-41 微词云网站首页

5.2.3 图文排版工具

目前互联网上的在线图文排版工具有很多，如秀米编辑器、壹伴浏览器插件等。

1. 秀米

秀米（见图5-42）是一款专用于微信公众号的文章编辑工具，拥有很多原创模板，排版风格多样、极具个性化。秀米可以设计出文章的专属版面，其中还内置了秀制作及图文排版两种制作模式，页面模板及组件丰富多样。

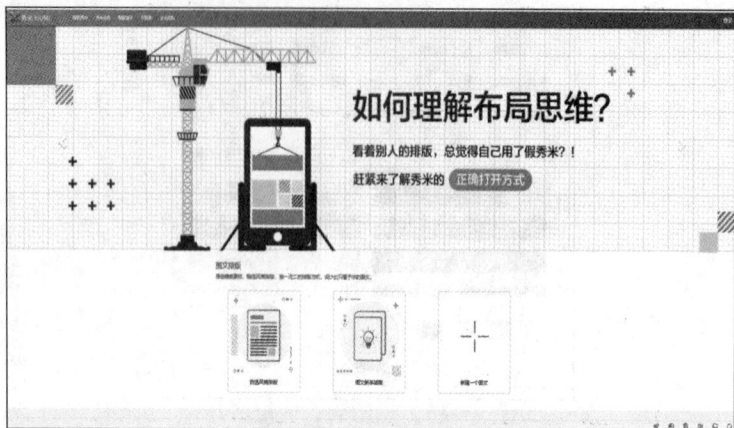

图5-42　秀米网站首页

用户在秀米官网注册并登录后，秀米官网会为初次使用者提供详细的在线图文教程，用户单击"教程培训"选项，即可免费学习如何利用秀米进行图文编辑。

2. 壹伴

壹伴是一款运行在浏览器上的微信公众号运营管理插件，用户通过官网下载插件并安装至浏览器即可使用。熟练运用壹伴，可以有效提高图文编辑效率。

登录壹伴官网，单击浏览器中的"直接下载安装"按钮，根据使用的浏览器选择下载壹伴插件（见图5-43）。

图5-43　壹伴网站首页

安装完成后，微信公众号后台的首页中会增加相应的拓展功能（见图5-44）。

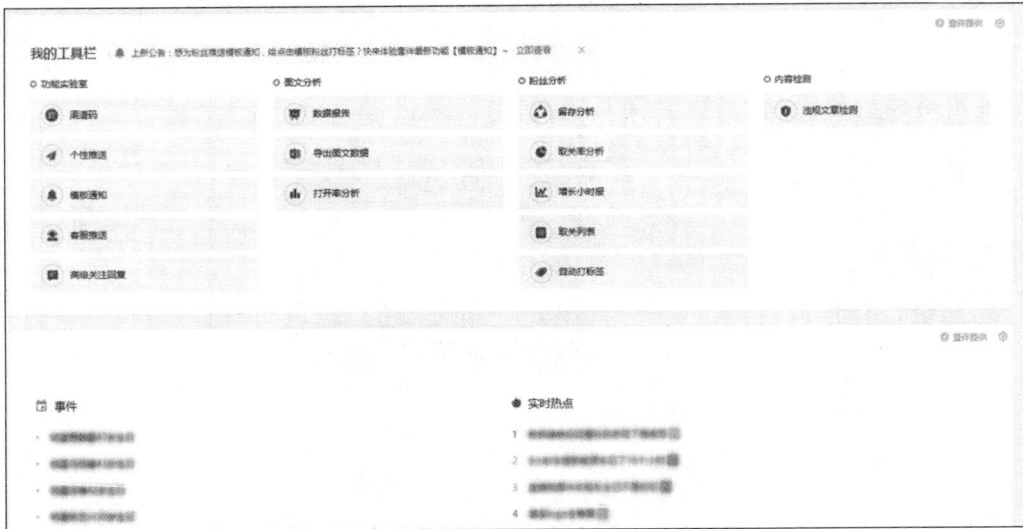

图5-44 壹伴拓展功能

微信公众号后台的图文编辑页面也会新增排版编辑功能栏，在其中单击"一键排版"选项可以保存不同的排版样式（见图5-45）。

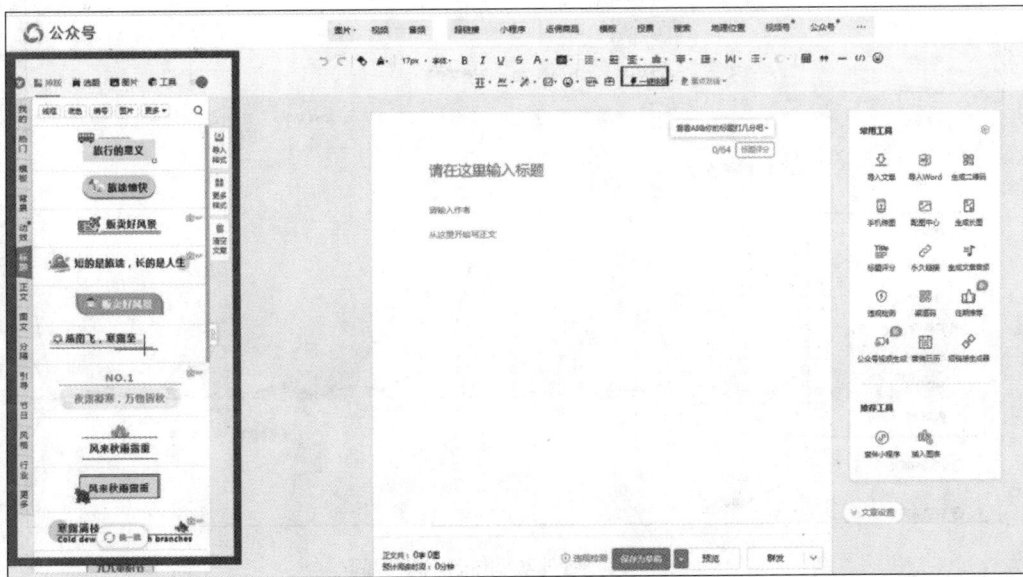

图5-45 图文编辑页面

图文编辑页面右侧的拓展功能中有导入文章、导入Word、生成二维码、手机传图、配图中心、生成长图等功能；其中还有修图、配图、找表情包、找素材、批量回复消息、采集文章、采集图片和视频等功能，能够极大地提高排版效率（见图5-46）。

不仅如此，壹伴还有强大的数据统计功能（见图5-47），用户能利用它实时查看"日报""小时报"……可以实现高效工作。

图5-46　图文编辑页面中的拓展功能

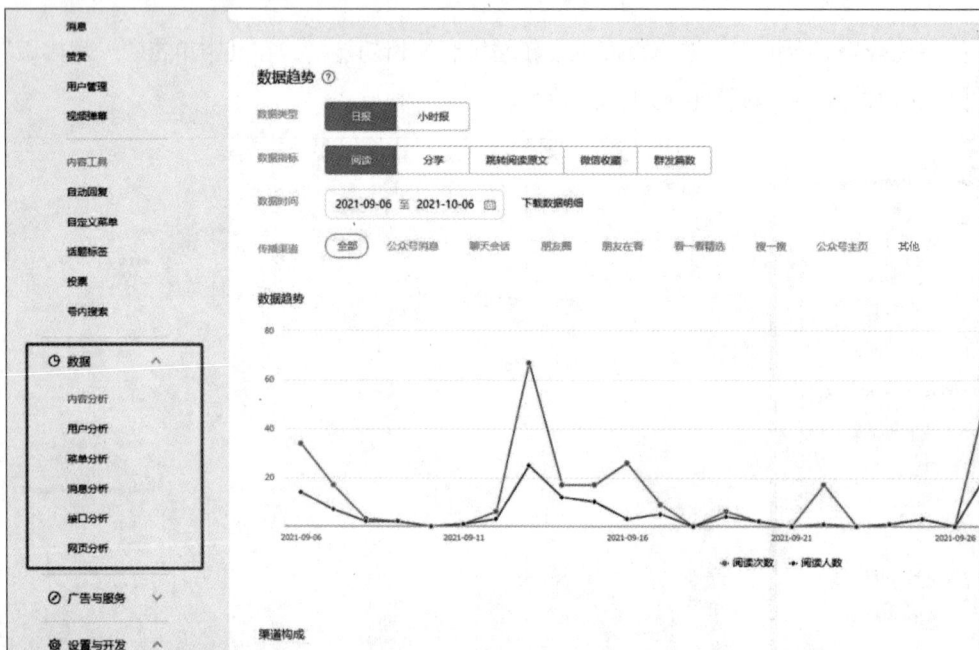

图5-47　壹伴数据统计分析界面

5.3 H5制作技能

H5即HTML5，指第5代HTML（超文本标记语言）。H5之所以能引起广泛的关注，根本原因在于它为互联网应用提供了全新的框架和平台，包括提供免插件的音视频、图像动画、本体存储以及更多特色板块展示等便捷功能，并使这些应用标准化和开放化，从而使互联网能够轻松实现类似桌面的应用体验，让开发者无须依赖第三方浏览器插件即可创建高级图形、版式、动画及过渡效果，这也使得用户用较少的流量就可以欣赏到炫酷的视觉听觉效果。

H5最显著的优势在于跨平台性，用H5搭建的站点与应用可以兼容PC端与移动端、Windows与Linux、安卓与iOS。它可以轻易地移植到各种不同的开放平台、应用平台上，打破各平台各自为政的局面。基于H5开发的轻应用比本地App拥有更短的启动时间、更快的联网速度，而且无须下载占用存储空间，特别适合手机等移动设备。这种强大的兼容性可以显著降低开发与运营成本，方便拓展更多用户。而且H5包括游戏、邀请函、贺卡、测试等多种形式，可以实现更强的互动，支持更高质量、更具话题性的设计，能让企业，特别是创业者获得更多的宣传和发展机遇。

5.3.1　H5的展现形式

一般情况下，根据动画的内容和表现形式，H5可分为图文展示型、情景体验型、测试问答型和游戏互动型等，设计者可根据需求进行选择。

1. 图文展示型H5

图文是早期典型的H5专题页形式，也是H5中最基础的表现形式。"图"的形式多种多样，如照片、插画等；"文"指标题文字，搭配上下滑动、点击这类简单的交互操作，可产生类似幻灯片的传播效果。这种H5考验的是设计者的内容设计和讲故事的能力。

2. 情景体验型H5

这种H5注重体验感，独特的创意和精心制作是重要的加分项；其常模拟真实场景，给人身临其境的感觉，让用户无意识地随着画面与音效逐步融入其营造的氛围中；多选用写实插画、实景照片、3D建模，色彩则以尽量还原现实场景为主要标准。

3. 测试问答型H5

这种H5主要利用用户的求知欲和探索欲，不断吸引用户往后翻看。内容新颖、有趣的测试问答型H5能够调动用户与好友分享测试结果，从而产生二次传播的效果。这就需要设计者有一条清晰的引导线索，并辅以出色的视觉效果和文案，以此弱化答题的枯燥感，让用户乐在其中。

4. 游戏互动型H5

这种H5可以直接是一款操作简单、竞技性强的趣味游戏，通过游戏互动刺激用户的视觉感官，带给用户良好的身心体验。当然，要使这种H5成功传播，设计者需要在游戏玩法和视觉风格上多下功夫，注意推陈出新，让用户产生兴趣。

5.3.2　H5的制作

H5一般可通过网络在线平台进行制作。虽然不同平台有着不同的设计风格，但都可以提供强大的动画编辑功能和自由的创作空间，可以实现H5的制作发布、账号管理、协同工作、数据收集等功能。

1. H5基本制作

常用的H5开发平台有MAKA、易企秀、兔展、木疙瘩等。不同的平台之间虽然不能互通资源，但设计制作方法基本相近，设计者可根据需要选择合适的平台进行制作。

本书以MAKA为例，介绍H5基本的制作方法。

步骤01 ▶注册账户并登录。登录后可随时修改、发布自己的作品。

步骤02 ▶在首页左侧选择"玩转H5"选项进入相应界面（见图5-48），可以看到平台为用户提供了大量的设计模板。在搜索框中输入要搜索的主题，单击"搜索"按钮即可搜索到相关的模板；然后可以按照分类、场景、颜色、风格等确定挑选范围，搜索到的模板还可以按照使用量、发布时间及是否免费等进行排序，根据需求选择合适的模板即可。

图5-48 MAKA网站"玩转H5"界面

步骤03 ▶选择好合适的模板以后，就可以进入H5编辑页面对模板进行编辑，设计制作自己的H5作品了。单击模板右上角的"开始编辑"选项，进入H5编辑界面，其中左侧为素材组件选择区，中间为编辑与预览区，右侧为素材样式设置区。

编辑界面左侧的素材组件有页面、文字、图片、素材、背景、互动、音乐、视频、上传、收藏等选项，用户可根据需要选择使用，并在编辑界面中间的编辑与预览区对素材进行修改与编辑（见图5-49）。

步骤04 ▶单击"页面"选项卡，在版式库选择需要的版式。

图5-49　MAKA网站H5编辑界面

步骤05 ▶单击"文字"选项卡，添加常规文字或选择文字组合样式进行套用。在编辑区，双击文本框可以编辑文字内容，拖动文本框的4个角可以快速缩放文字；在编辑界面右侧的素材样式设置区，可以改变文字的字体、大小、颜色等，也可以给文字添加动画效果（见图5-50）。

图5-50　MAKA网站H5文字编辑界面

步骤06 ▶单击"图片"选项卡，从图片库中选择合适的图片素材并添加到H5页面中。在编辑界面右侧的素材样式设置区，可以对添加的图片进行裁剪、抠图、改变大小、调节透明度等操作，也可以给图片添加动画效果（见图5-51）。

图5-51　MAKA网站H5图片编辑界面

步骤07 ◉单击"素材"选项卡，在素材库中选择图框、图标、图表、图形等矢量素材并添加到H5中。右侧的样式设置操作跟图片素材一样。

步骤08 ◉单击"背景"选项卡，更换H5的背景，背景可以是纯色块，也可以是图片或纹理图案。背景也支持使用上传的图片。

步骤09 ◉单击"互动"选项卡，在页面中添加可填写的表单、答题版式页面、拼图样式、互动按钮、地图等互动内容。作品发布后，可以单击作品管理界面的"表单"选项卡，选择导出其互动数据（见图5-52）。

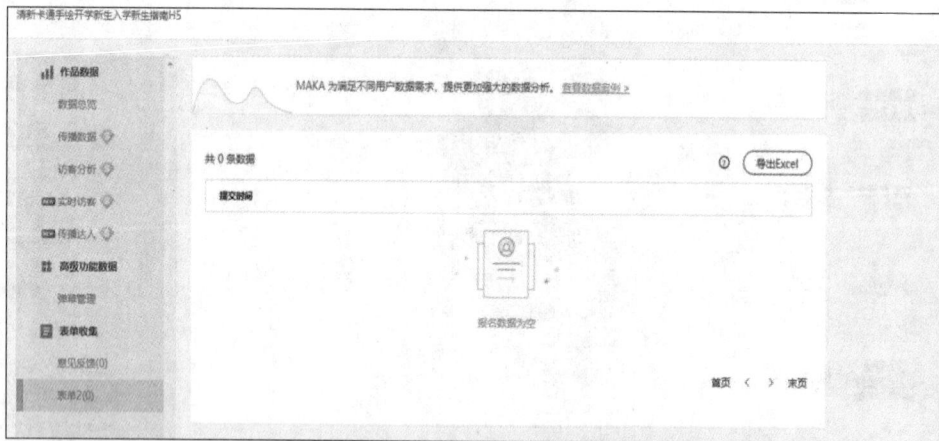

图5-52　MAKA网站H5互动数据统计界面

步骤10 ◉单击"视频"选项卡，给H5页面添加视频链接，预览时可以观看。

步骤11 ◉单击"上传"选项卡，上传计算机中存储的图片等素材并运用于H5中。编辑区右侧下方还有一个"PS"图标，单击该图标，可以上传PSD格式的设计图，上传后可保持文件中的分层结构，支持分层修改。

步骤12 ▶ 单击"音乐"选项卡，给H5页面添加背景音乐（见图5-53）。

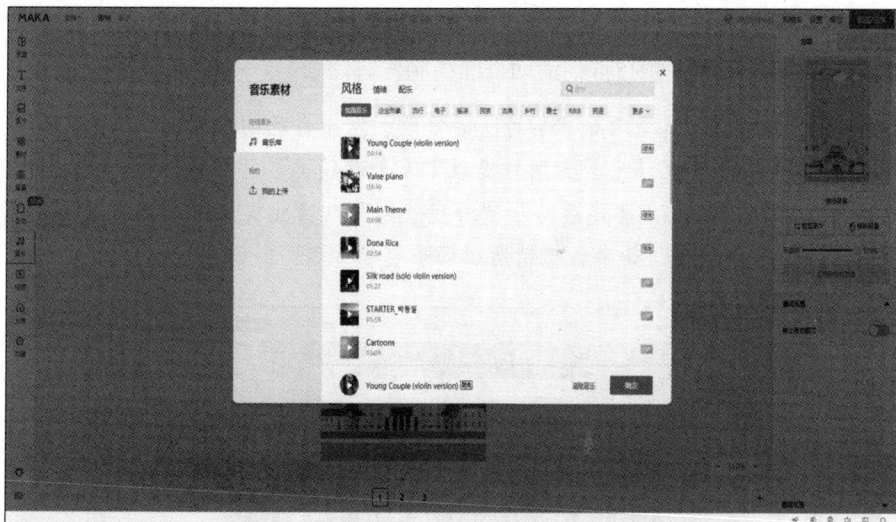

图5-53 MAKA网站H5添加背景音乐界面

MAKA提供了大量音乐素材，用户可以根据H5的风格搜索选择相关的音乐并使用，也可以上传已下载或录制的MP3格式的音乐。

步骤13 ▶ 单击设计页面右上角的"设置"按钮，可以给H5设置封面、标题、页码、打开密码和换页方式等，便于发布、分享H5页面时能更好地展示主题或者设置查看权限（见图5-54）。

图5-54 MAKA网站设置H5页面效果界面

步骤14 ▶ 单击页面右上角的"保存"按钮即可保存H5页面。单击"预览/分享"按钮，即可通过二维码或链接进行发布、分享。后期如果对H5进行了编辑和修改，原发布、分享的二维码或链接同样有效。

MAKA还为用户提供了PC端编辑软件和移动端App编辑器，使用户编辑、修改H5更加方便，其具体操作方法跟网页平台类似。

2. H5营销活动页面制作

一些平台为用户提供了H5营销活动页面制作模板，如凡科互动、人人秀、iH5等。下面以凡科互动平台为例简单说明H5营销活动页面的制作方法。

步骤01 ▶注册账户并登录。登录账户后可随时修改、发布自己的作品。

步骤02 ▶选择模板。凡科互动平台为用户提供了大量营销类型的模板。在首页"模板"选项卡下的界面中，有"节日""抽奖活动""游戏营销""商业促销""推广活动""投票活动""签到活动""小程序"等多种营销活动场景模板（见图5-55）。

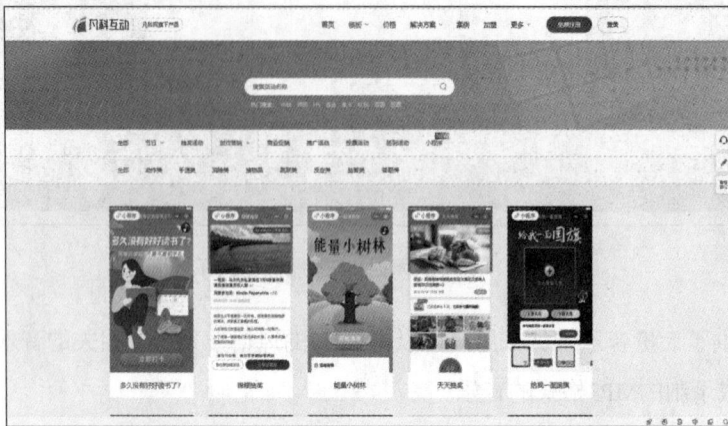

图5-55　凡科互动平台营销活动场景模板界面

步骤03 ▶编辑页面。选择模板并单击"创建"，进入编辑页面，页面左侧为素材组件选择导航栏，中间为编辑区和预览区，右侧为素材样式属性设置区（见图5-56）。

图5-56　凡科互动平台素材样式属性设置区界面

单击导航栏相应选项卡，双击页面中的素材，即可在弹出的窗口中进行文字内容的设置、图片的更换等，在右侧的素材样式属性设置区可进行各模块的细节设置。

步骤04 ▶发布。编辑完成后，单击界面右上角的"保存"按钮，保存设计，单击"预览与发布"按钮，生成二维码或链接进行发布、推广。

行业视点

论述网络安全

网络空间同现实社会一样，既要提倡自由，也要保持秩序。自由是秩序的目的，秩序是自由的保障。我们既要尊重网民交流思想、表达意愿的权利，也要依法构建良好网络秩序，这有利于保障广大网民的合法权益。网络空间不是"法外之地"。网络空间是虚拟的，但运用网络空间的主体是现实的，大家都应该遵守法律，明确各方权利义务，坚持依法治网、依法办网、依法上网，让互联网在法治轨道上健康运行，同时要加强网络伦理、网络文明建设，发挥道德教化引导作用，用人类文明优秀成果滋养网络空间、修复网络生态。

网络空间是亿万民众共同的精神家园。网络空间天朗气清、生态良好，符合人民利益。网络空间乌烟瘴气、生态恶化，不符合人民利益。谁都不愿生活在一个充斥着虚假、诈骗、攻击、谩骂、恐怖、色情、暴力的空间。利用网络鼓吹推翻国家政权，煽动宗教极端主义，宣扬民族分裂思想，教唆暴力恐怖活动，等等，这样的行为要坚决制止和打击，决不能任其大行其道。利用网络进行欺诈活动，散布色情材料，进行人身攻击，兜售非法物品，等等，这样的言行也要坚决管控。没有哪个国家会允许这样的行为泛滥。我们要本着对社会负责、对人民负责的态度，依法加强网络空间治理，加强网络内容建设，做强网上正面宣传，培育积极健康、向上向善的网络文化，用社会主义核心价值观和人类优秀文明成果滋养人心、滋养社会，做到正能量充沛、主旋律高昂，为广大网民，特别是青少年营造一个风清气正的网络空间。

5.4 课堂实训

5.4.1 使用不同的网站搜索并下载图片

1. 实训要求

（1）了解图片资源网站有哪些。

（2）观察分析下载的图片的质量、内容等。

2. 实训步骤

（1）了解本项目推荐的图片资源网站。

（2）利用网站的搜索功能下载以"科技"为主题的图片。

（3）对下载的图片进行对比，观察分析图片的质量、内容等。

5.4.2 使用Photoshop编辑图片

1. 实训要求

（1）熟悉Photoshop的操作方法。

（2）使用Photoshop裁剪下载的图片，使其长宽比为16∶9，图像分辨率为200像素/英寸（1英寸≈2.54厘米）。

（3）给图片添加文字或品牌Logo。

2. 实训步骤

（1）按要求裁剪图片。

（2）使用Photoshop给图片添加文字，并添加品牌Logo。

5.4.3 使用创客贴制作信息长图

1. 实训要求

（1）熟悉创客贴的操作方法。

（2）使用创客贴提供的模板设计一个以"国庆促销"为主题的信息长图。

2. 实训步骤

（1）登录创客贴网站首页，在"模板中心"收集信息长图模板。

（2）对模板中的图片、文字等进行编辑替换。

5.4.4 下载并安装使用壹伴插件

1. 实训要求

（1）学会下载并安装壹伴插件。

（2）注册或登录微信公众号，并使用壹伴插件编辑、发布一篇图文信息。

2. 实训步骤

（1）下载并安装壹伴插件。

（2）注册或登录自己的微信公众号。

（3）进入信息创作界面，使用壹伴插件的"一键排版"功能排版。

（4）使用壹伴插件中的模板编辑一篇图文信息。

课后习题

一、单项选择题

1. 搜索图片时，可按（　　）等进行，以提高搜索效率。

A. 颜色、类型、版式 　　　　　　　　B. 价格、内容、版式

C. 风格、时间、价格 　　　　　　　　D. 点击量、下载率、发布时间

2. 用在线设计平台进行图片的编辑制作基本都是遵循（　　）3个步骤。

A. 搜模板—传图—导出 　　　　　　　B. 编辑—修改—导出

C. 挑模板—改要素—导出　　　　　　D. 导入—修改—导出

3. 信息长图一般是将烦琐的文字转化为（　　　），来形象地描述一个完整的事项。

A. 易于修改、编辑的图片　　　　　　B. 易于阅读、传播的图片

C. 不受文字限制的图片　　　　　　　D. 拼接灵活的图片

4. 九宫格图是指由9个独立方格图按照（　　　）的方式组合而成的图片。

A. 横向对称　　　B. 纵向排列　　　C. 横向并列　　　D. 三横三纵

二、多项选择题

1. 设计信息长图时主要考虑的内容是（　　　）。

A. 明确信息主题　　　　　　　　　　B. 确定设计风格

C. 确定设计结构　　　　　　　　　　D. 掌握文字数量

2. 在网文排版中，标题使用（　　　）的对齐方式比较多。

A. 左侧对齐　　　B. 右侧对齐　　　C. 居中对齐　　　D. 两端对齐

3. 图文排版的误区有（　　　）。

A. 动态背景　　　B. 颜色过多　　　C. 风格不定　　　D. 罔顾内容

4. 一般情况下，根据动画的内容和表现形式，H5可分为（　　　）等展现形式。

A. 图文展示型　　　B. 情景体验型　　　C. 测试问答型　　　D. 游戏互动型

5. 美图GIF应用界面的功能选项有（　　　）。

A. 特效GIF　　　B. 魔术GIF　　　C. GIF创意　　　D. GIF相册

三、判断题

1. 不同的新媒体平台对封面图的要求各不相同，有的对图片格式有要求，有的对图片尺寸有要求。　　　　　　　　　　　　　　　　　　　　　　　　　　（　　　）

2. 在网上搜索到的高清图片可以随意使用。　　　　　　　　　　　　（　　　）

3. 光是摄影的灵魂，正确认识光、利用光是一张图片成功的决定性因素。（　　　）

4. 巧用PowerPoint可以对图片进行修改、裁剪等操作。　　　　　　　（　　　）

5. 信息长图的具体设计分为直接设计长图和设计拼接图两种。　　　　（　　　）

四、简答题

1. 简述新媒体平台中图片设计的重要性。

2. 简述新媒体图文排版在视觉优化方面要注意哪些方面。

3. H5页面营销的优势有哪些?

新媒体营销音频视频处理技能

学习目标

- 了解新媒体营销中音视频技术的应用方法
- 掌握音频的编辑与格式转换等技术
- 掌握声音的录制与编辑技术
- 掌握文字转换为语音的方法
- 掌握视频的下载与格式转换技术
- 掌握短视频的拍摄、编辑技术
- 了解视频的发布与推广方法
- 能熟练使用手机App、Audition等软件录制、编辑音频文件
- 能合理运用剪映、Camtasia Studio等软件编辑制作短视频
- 培养创新意识、创造性劳动能力和诚实守信意识
- 强化理想信念教育,培育遵纪守法的道德规范

知识结构图

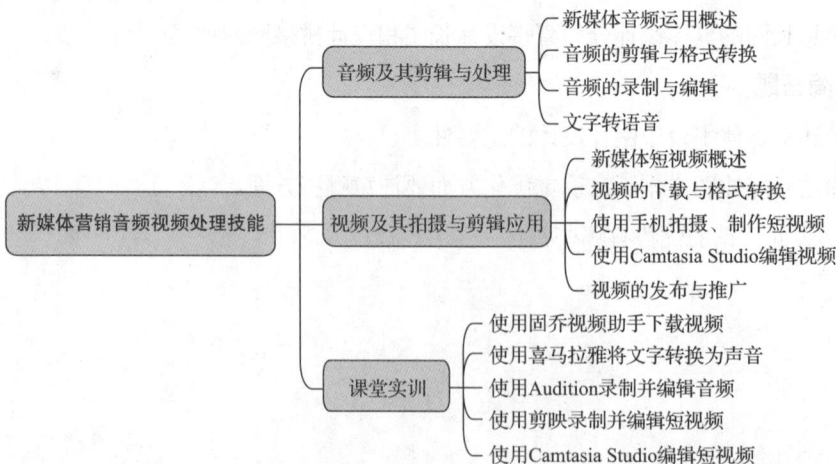

案例导入

微电影《这一刻》

平安银行在成立30周年之际推出的品牌微电影《这一刻》，由"婚纱篇"、"爸爸篇"（见图6-1）、"留学篇"、"手术篇"4个不同人生阶段的小故事构成，传递了幸福、责任、成长、担当的意义。最巧妙的是，微电影不但通过故事引起用户的共鸣，也将平安信用卡巧妙地穿插到剧情当中，映射出平安银行30年厚积薄发、不断成长的品牌核心动力，以及对持卡人的温情相伴。平安银行帮助用户渡过困境，也见证着用户的成长，这样的立意让短片在发布后引起了不小的社会反响。信用卡的市场竞争非常激烈，各个品牌也在推出差异化的服务以吸引用户的关注，平安银行凭借这走心却不刻意煽情的微电影，让用户重新认识了平安银行，彰显了品牌的力量。

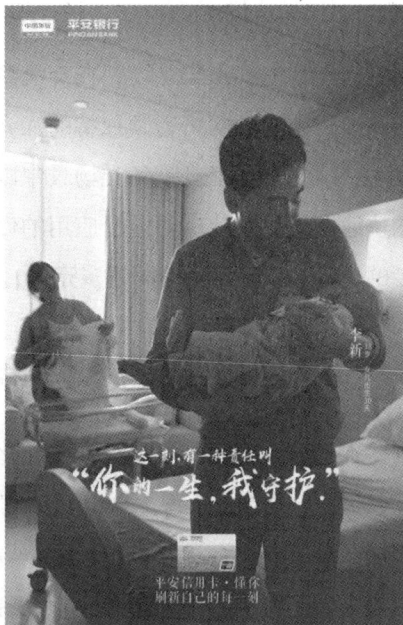

图6-1 《这一刻·爸爸篇》微电影画面

案例思考：

平安银行是如何通过微电影实现快速拓展客户的？

案例启示：

平安银行本着给用户提供"更懂你"的服务的理念，为用户提供"千人千面"的个性化服务，给用户提供优质的个人体验，为用户精准推送其最需要、最期望的产品，坚持"用户本位"的服务理念，得到大众的积极响应。不管是文案、海报还是短视频，只有富有情感的内容才能给用户留下深刻的印象。无论何种传播载体，对品牌来说，只有与用户建立了情感上的联系，才能让用户主动去了解品牌背后的产品和精神。从以上案例不难看出，最终吸引用户注意的是与之关系密切的生活话题。微电影抛弃高端大气的广告，从身边小事入手，一方面是为了引发用户的共情，另一方面也是为了让用户感受到品牌正在通过不同的方式了解自己的用户，这样的立意很容易拉近品牌与用户之间的关系，进而获取更多的用户。

6.1 音频及其剪辑与处理

在互联网比较自由宽松的发展环境下，随着用户对声音的需求更加个性化和分众化，听觉文化逐渐形成，技术的创新驱动使得声音以各种新的方式和功能属性被应用到人们的生活中。在音频市场上，各类智能化和场景化的音频应用悄然而生，从语音识别、语音合成到沉浸式游戏和有声读物，从声音社交软件到声音助眠应用，不论是生活、娱乐还是社交、医疗，音频被应用在互联网的各个领域，声音传播在新媒体环境下发生着重大变革，音频产业呈现出了更加多元化的新样态和新面貌。

相比图文，声音是一种独特的传播介质。在表达意义上，声音可以生动、形象且全面地展现创作者的观点与立场；在交流意义上，声音显得更加亲切和直接，也没有视频交流的门槛和准备要求。网络音频独特的媒介属性能够解放用户的使用场景，让用户在休闲、家务、运动、睡觉乃至上班等各类场景中以收听音频的方式满足对内容及娱乐的需求。移动互联网的快速发展更是让音频电台应用的伴随性、便利性特征得到更好的体现，赢得众多音频爱好者的追捧，呈现出用户群体多元化、使用场景不断拓宽的趋势。

6.1.1 新媒体音频运用概述

伴随着人们日常生活场景多元化和个体时间碎片化的趋势，音频消费已经成为人们在通勤、运动、居家等多场景中激活感官的一种方式。近年来，以喜马拉雅、蜻蜓FM、荔枝为代表的一批音频平台逐渐盛行，网络音频用户规模迎来了新一轮的增长，为新媒体营销行业的发展注入了源源不断的活力。各大音频平台也凭借自身媒介特点和用户优势，积极开拓符合品牌特性的音频营销价值和方式，成为品牌营销在媒介方面的新方向。随着音频平台的进一步发展，音频类新媒体市场营销的发展前景良好。

1. 网络音频商业生态闭环已初步形成

随着图书、旅游等网络市场与音频的深度结合，网络应用跨领域合作更加普遍；云服务的普及让用户以更低的价格享受更加快速、稳定的服务器存储应用，促进了网络流媒体广播的推广，降低了音频节目的存储压力，使移动音频媒体能探索更多的优质内容，通过广告营销、付费收听等形式实现商业化运作。

2. 社交化音频直播热点显现

音频易交流、易传播和声音情感化的特性，使其成为社群交流的重要载体。在网络直播热潮下，音频直播得到迅速普及。自2016年以来，以荔枝、喜马拉雅、蜻蜓FM三大平台为代表的音频平台迅速崛起，用户总数破亿，用户关注度和付费意愿也不断提升。在音频直播间里，除了收听音频节目，听众还可以与主播进行文字、图片等多种方式的互动，同时基于主播的打赏系统，为有实力的红人主播创造利润。

荔枝推出的声音邮局、声音魔方、3D人头录音等创新产品，不再仅靠植入广告来赢利，而是将一些创意服务商品化，实现多元营收。

3. "耳朵经济"初步成型

2016年知识付费成为火热的风口。付费语音问答平台"分答"、罗振宇的"得到"都是彼时火热的知识付费App。各大音频平台凭借其内容形式上的优势，也迅速站上了这一风口。随着音频平台的不断改革，其付费模式也从原来的"单点付费"模式演变为更容易被用户接受的"会员全站畅听"模式。音频平台从原本单一的单点视角转变为以用户为中心的视角，从以前注重单一的项目成功，到现在开始思考用户在不同场景下需要的内容和服务，从而更好地专注于为用户提供个性化的服务和内容长尾服务。

太多的报告已经验证了这一点：音频有更大的想象空间，它场景化的特征也使其在会员方面更具增长潜力。无论是从大的经济趋势来说，还是从年轻群体对新设备和付费的接受度来说，音频会员的发展都值得期待。

6.1.2　音频的剪辑与格式转换

下载好的音乐，在实际使用的时候，可能因其时间长短、格式等不符合使用规范而需要进行剪辑和格式转换。这项工作可以用计算机软件狸窝全能视频转换器或手机App音乐格式工厂来实现。

1. 使用狸窝全能视频转换器剪辑、转换音频文件

狸窝全能视频转换器是一款功能非常强大的音视频转换及编辑工具，它大部分功能是免费的，操作起来也很简单。狸窝全能视频转换器支持处理多种格式的音视频文件，还支持多个文件一起处理，并在流行音视频格式之间任意转换，方便快捷。

使用狸窝全能视频转换器剪辑、转换音频文件的操作方法如下。

步骤01 ◖下载并安装狸窝全能视频转换器后，运行程序。单击左上角"添加视频"按钮，按文件路径找到要剪辑的音频文件并双击，将音频文件导入软件中（见图6-2）。

图6-2　狸窝全能视频转换器导入音频文件界面

步骤02 ▶ 单击左上角"视频编辑"按钮，进入编辑界面，在左下角设定好要截取的音频片段的开始时间和结束时间，单击右下角"确定"按钮（见图6-3）。

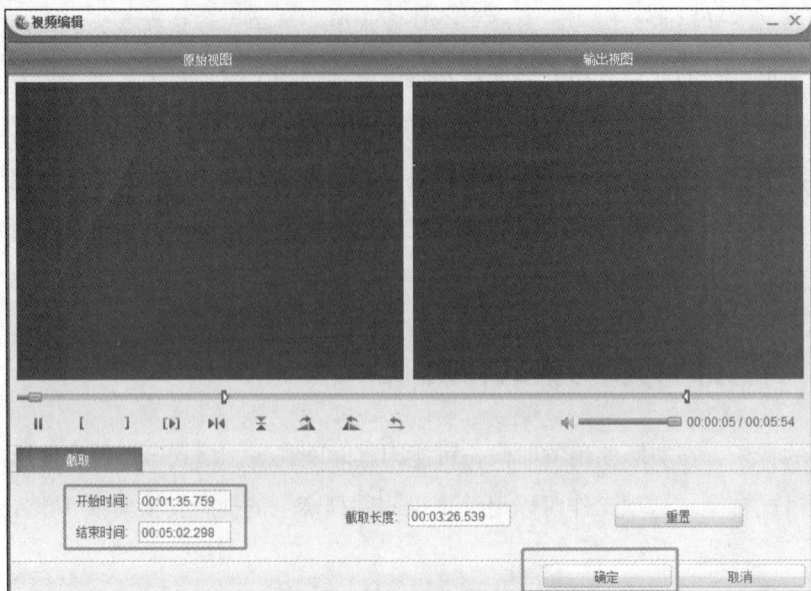

图6-3　狸窝全能视频转换器"视频编辑"界面

步骤03 ▶ 　回到转换界面后，单击右下角"转换按钮" ⬤，即可将截取的音频片段保存为音频文件。如需进行文件格式转换，可单击"格式转换选项"按钮 ✂ （见图6-4），在格式对话框中，选择要转换的相应格式，再单击"转换按钮" ⬤，即可完成音频文件的格式转换工作。如果需要将两段或两段以上音频文件拼接为一个音频文件，则可将需拼接的音频文件按要拼接的顺序逐个添加到软件中，然后单击勾选右下角"合并成一个文件"选项前面的复选框进行转换。

图6-4　狸窝全能视频转换器转换界面

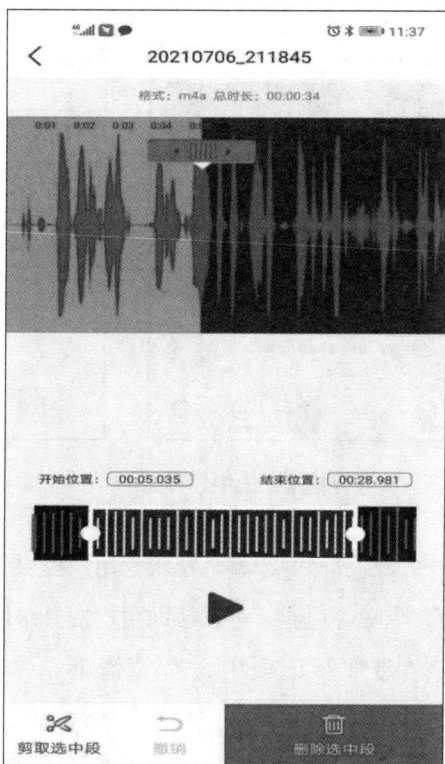

2. 使用手机App音乐格式工厂截取音乐片段

在手机上安装并打开音乐格式工厂，点击"音频剪辑"按钮（见图6-5）。在弹出的界面中选择要截取片段的音频文件，点击文件右侧"剪辑"按钮。

进入剪辑界面，可以看到波纹图和区间图，拖动波纹图（区间图）中的滑块左侧，可以确定截取音频的开始时间；拖动波纹图（区间图）中的滑块右侧，可以确定截取音频的结束时间。确定好截取时间后，点击左下角的"剪取选中段"按钮，即可完成音频的截取（见图6-6）。

图6-5　音乐格式工厂首页　　　　　　图6-6　使用音乐格式工厂截取音频片段

音乐格式工厂还为用户提供了视频转音频、转格式、音频变速、音频倒放及提取伴奏等功能，操作较为简单。

6.1.3　音频的录制与编辑

1. 使用喜马拉雅录制与编辑音频

步骤01　在手机上下载并安装喜马拉雅。进入软件首页，点击右下角"我的"，进入个人中心，点击上方"创作"选项，如图6-7所示。

步骤02　点击"我的作品"选项，在专辑中点击"创建专辑"按钮，在创建界面设置好专辑名称、封面、标签及简介等，点击"创建"按钮即可为录制的声音建立一个存放目录；点击

"声音"选项下的"去录音"按钮（见图6-8），进入录制界面。

图6-7　喜马拉雅个人中心界面　　　　图6-8　喜马拉雅"去录音"按钮

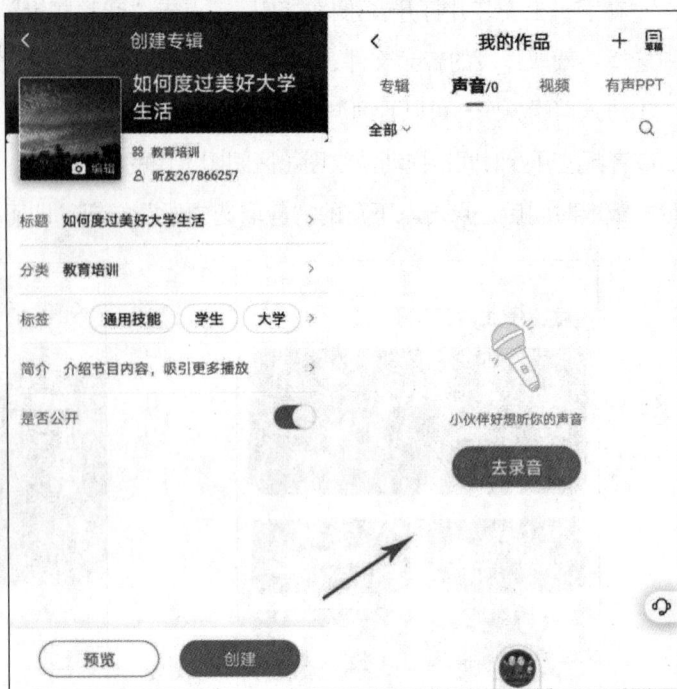

在录制界面中，喜马拉雅为用户提供了声音美化、变声、降噪等功能，可以帮助用户提升录制的音频的效果。"磁性"选项中，有"清晰""磁性""沉稳""低音""明亮""柔和"等润色效果；"变声"选项中，有"礼堂""演唱会""机器人""小黄人""变男声""变女声"等变声效果，用户可根据需要选择其中一个对录制的声音进行调整。

为了提高录音时的效率，喜马拉雅还提供了字幕提示功能，用户可以上传文字、图片、PPT，在录音时使用它们进行提示（见图6-9）。

如有需要，还可以为录音添加音乐及特殊声音效果。

如果对录音不够满意，在录制过程中，可点击屏幕左下角的"重录"按钮重新录制。如果对其中某一段声音不满意，可在录制过程中点击屏幕下方的"暂停录制"按钮，再点击屏幕右侧的"剪刀"图标，左右调节

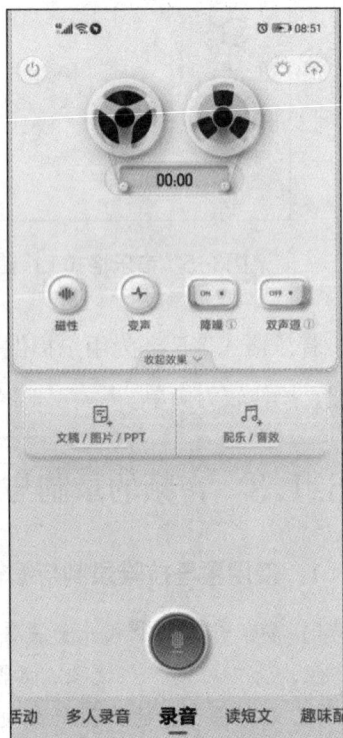

图6-9　喜马拉雅录音提示界面

声音曲线中的时间节点线,选中要删除的部分,点击"剪掉"按钮即可删除选中的片段;点击"继续录音"按钮可继续录制。

录制结束后,点击屏幕右下角的"保存"按钮,将录音上传并保存到创建的专辑中,然后等待审核发布。

如果需要在喜马拉雅以外的软件中使用该录音,可以在"我的作品"中找到该录音,点击录音目录右下方的"…"图标进行下载。

2. 使用Adobe Audition录制与编辑音频

Adobe Audition(以下简称Audition)是一款较为专业的PC端数字音频编辑软件,该软件界面清爽大方,使用简便,给用户提供了音频混合、编辑及效果处理等功能,可以创作出高品质、丰富多样的音效。Audition可以导入、录制和播放音频文件,转换音频文件格式,对单个音频文件进行剪切、复制、粘贴、合并、调节局部音量等处理,也可以对音频文件进行降噪、混响、变速、变调等个性化编辑,还可以将多个音频文件合并输出成一个音频文件。用户使用该软件可以快速制作出音质饱满的音频文件。

(1)Audition工作界面

Audition工作界面如图6-10所示。

① 菜单栏。

② 功能图标栏:放置常用的功能图标。

③ 功能面板区:包括声音面板(用来放置待编辑的音频文件)、传输面板、时间面板、缩放面板等,用于辅助音频文件编辑。

④ 工作区:在各音频轨道载入音频文件并进行编辑。

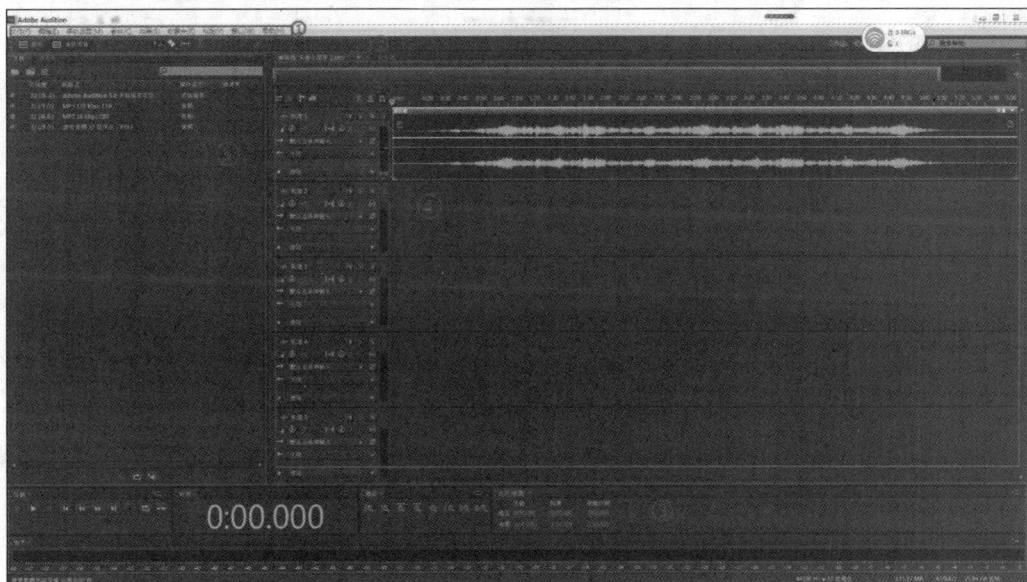

图6-10 Audition工作界面

（2）使用Audition录制音频

录制前应确认话筒等录音设备是否正常。启动软件后，在工作区中将声音播放指示器（时间滑块）拖动到音轨最前面。单击音轨声音控制台"R"按钮，使Audition处于准备录音状态。

录制完成后输出文件。单击"文件"—"导出"—"文件"选项，弹出设置对话框（见图6-11），输入文件名，选择保存位置与格式，单击"确定"按钮，即可将录音保存为音频文件。

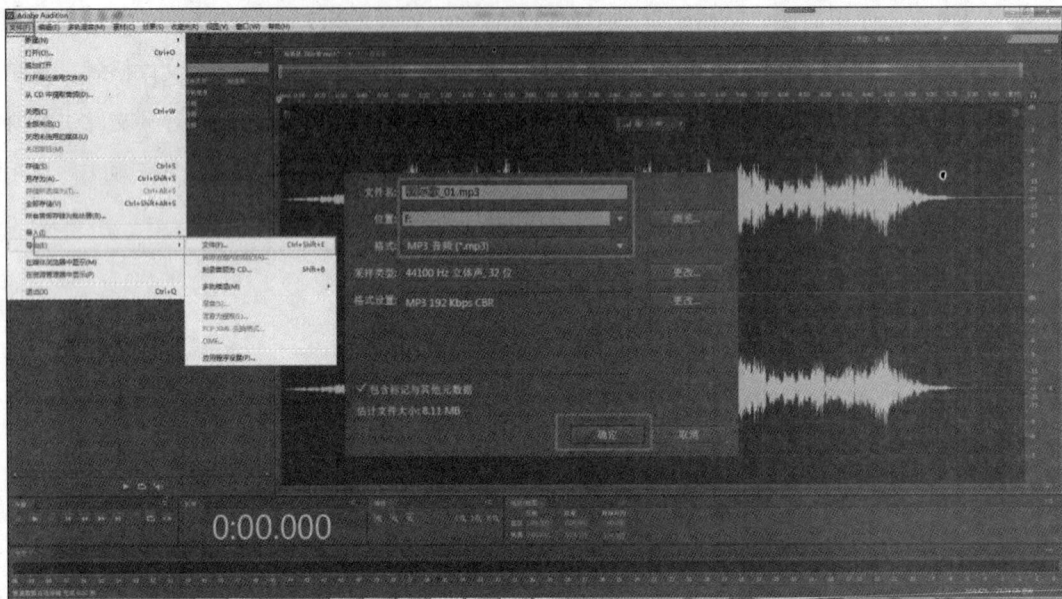

图6-11　导出录音

（3）使用Audition编辑音频文件

①导入音频文件

步骤01 ▶单击"文件"菜单，在打开的下拉菜单中单击"导入"选项，在弹出的对话框中按存储路径选择音频文件，选择时可以按住"Ctrl"键或"Shift"键选择多个音频文件。

步骤02 ▶选择完成后，单击窗口右下角的"打开"按钮，音频文件就被导入到软件中了，需要编辑哪个音频文件就将其拖动到音轨里，或者双击该音频文件，对其进行编辑（见图6-12）。

Audition可识别MP3、MP4、WAV、WMA等常见音视频格式。对于格式不符的文件，需先将其转化为可识别的格式，再进行导入与编辑。

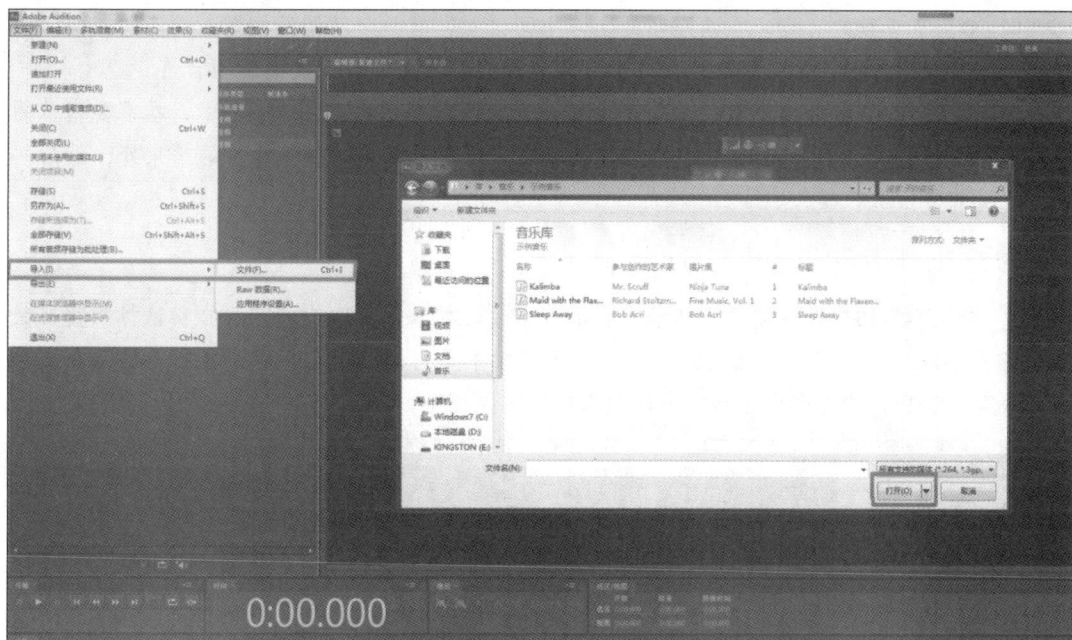

图6-12　导入音频文件

② 调节音频音量

步骤01　▶添加声音的淡入、淡出效果。音轨中，波形图的左上角、右上角分别有一个灰、黑各半的正方形滑块。按住左侧滑块向右滑动，开始部分的声波波峰会逐渐升高，即音量逐渐增大，产生淡入效果（见图6-13）；按住右侧滑块向左滑动，结尾声音会逐渐变小，产生淡出效果。

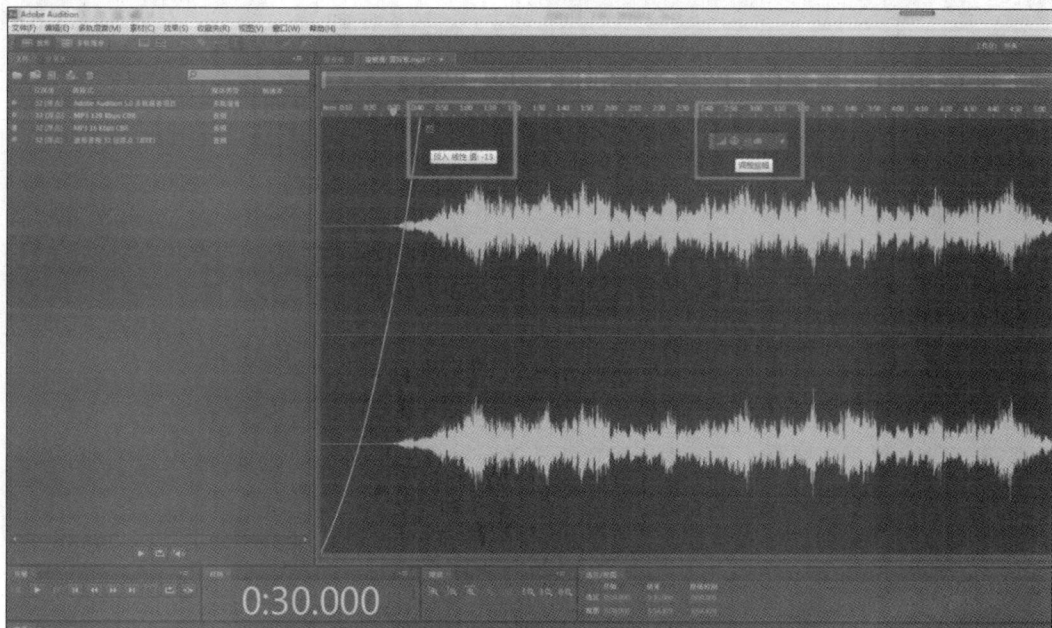

图6-13　添加声音淡入

步骤02 ▶调节音频的音量。在波形图的上方中间位置，有一个"调整振幅"功能块，按住该功能块中的圆形按钮，向左拖动可以降低音频音量，向右拖动可以提高音频音量。

步骤03 ▶调节部分音频的音量。如果仅为部分音频调节音量，可在波形图中，在需要调节的音频片段的开始处，按住鼠标左键并向右拖动鼠标到需要调节的音频片段的结束处，然后按调节音量的方法进行操作。

③ 截取音频片段

步骤 ▶在波形图中，在要截取音频片段的开始处，按住鼠标左键并向右拖动鼠标到需要截取的音频的结尾处，松开鼠标左键，然后在菜单栏中单击"编辑"菜单，在打开的菜单中单击"裁剪"选项，即可完成音频片段的截取操作（见图6-14）。

图6-14　截取音频片段

④ 降噪

在普通环境中录音时，音频难免带有环境噪声和设备底噪，这时就需要尽量降低噪声，提升音频的质量，具体操作步骤如下（见图6-15）。

步骤01 ▶首先在单轨模式下，单击"效果"菜单。

步骤02 ▶在打开的菜单中单击"降噪/恢复"—"降噪（N）处理（）"选项，弹出对话框。

步骤03 ▶让系统识别噪声：在波形图中按住鼠标左键选中一段只有噪声的部分。

步骤04 ▶在效果器中单击"捕捉噪声样本"按钮，由系统识别、确定噪声。

步骤05 ▶单击"选择完整文件"选项，选中整个音频文件，然后单击"应用"按钮，即可完成降噪操作。

但是，软件的降噪效果是有限的，如果条件允许，应尽可能在录制时减少噪声，而不是通过后期降噪进行补救。

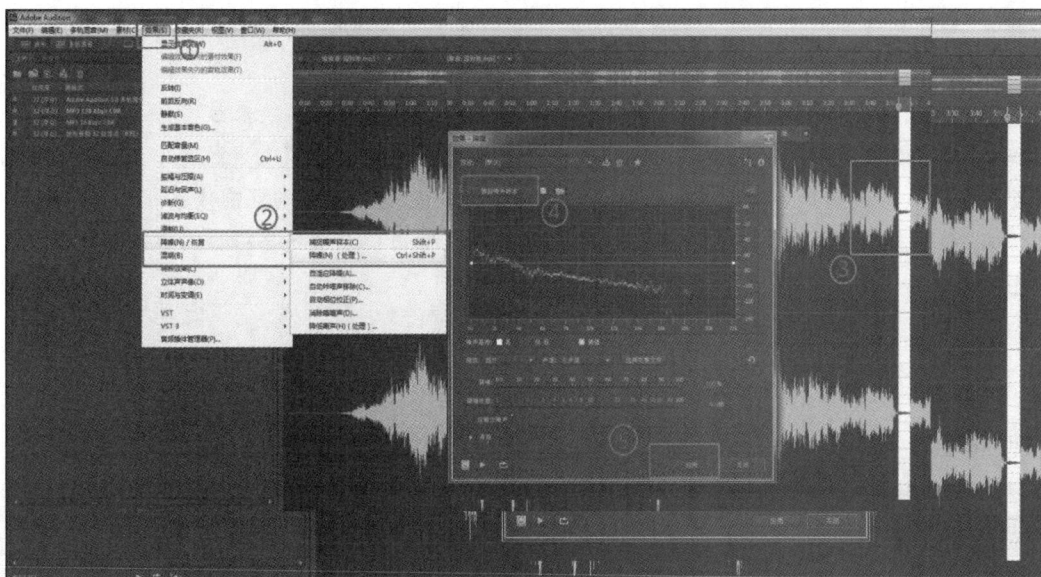

图6-15　降噪

⑤ 混响

Audition混响功能能够给原始的声音增加类似于回声、延迟和反射声等的音色效果，特别是在录制声音或配乐朗诵时，给干涩、普通的人声增加混响效果，可以让声音与背景/伴奏音乐融合得更自然。

增加混响效果的操作步骤如下（见图6-16）。

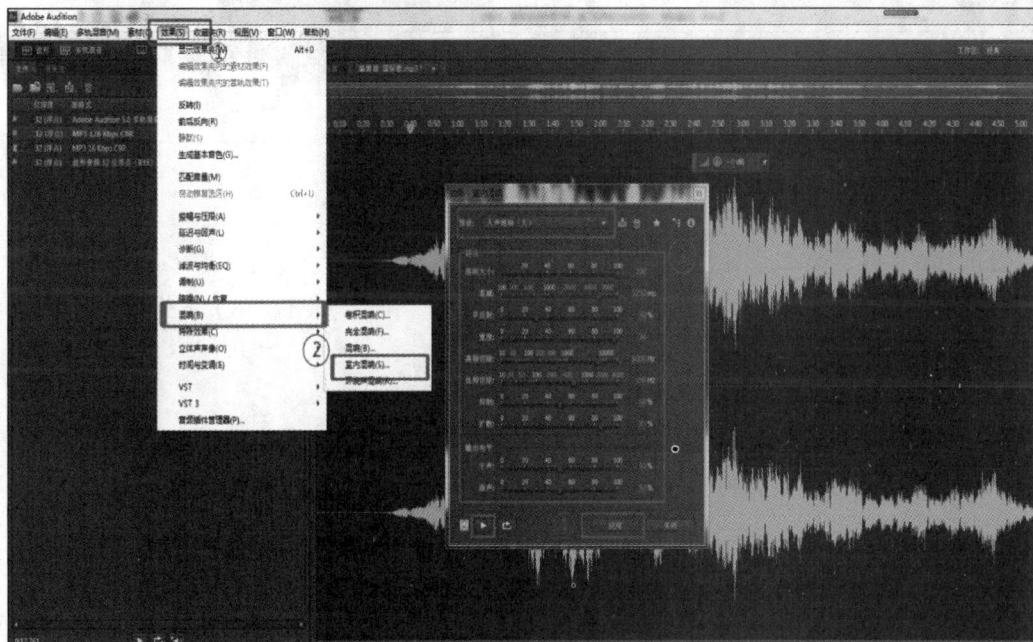

图6-16　增加混响效果

步骤01 ▶ 首先将音频文件导入软件中，单击拖动选中要加混响效果的区域，单击"效果"菜单。

步骤02 ▶ 在打开的菜单中单击"混响"—"室内混响"选项，弹出效果器。

步骤03 ▶ 在效果器中，"预设"下拉列表中有多种混响方式，选"人声混响（大）"，通过滑动对应滑块，设置声音衰减时间、延迟时间等参数，打造个性化的混响效果。

步骤04 ▶ 单击效果器左下方的"播放"按钮 ▶，可预览当前混响状态；如对混响效果满意，单击效果器右下方的"应用"按钮，然后导出文件即可。

⑥ 变速/变调

如果对于所录制的声音的语速或声调不满意，可以进行变速/变调处理，操作步骤如下（见图6-17）。

图6-17　变速/变调

步骤01 ▶ 将音频文件导入软件，选中要变速/变调的部分，单击"效果"菜单。

步骤02 ▶ 在打开的菜单中依次单击"时间与变调"—"伸缩与变调（S）（处理）"选项，弹出效果器。

步骤03 ▶ 在效果器的"预设"下拉列表中选择要执行的变调效果。

步骤04 ▶ 调节参数，调整"伸缩"可以让声音快速或慢速播放；调整"变调"，可以改变声音的音色；试听一下声音，如对效果满意，单击"确定"按钮，导出文件即可。

Audition "效果"菜单中还有振幅与压限、延迟与回声、诊断、滤波与均衡、特殊效果、调制等功能，其基本操作与变速/变调类似。

⑦ 添加背景音乐

录制一些演讲或者解说的音频后，一般会为其添加合适的背景音乐，以增强其感染力。

使用Audition的"多轨混音"功能就可以完成这项工作，操作步骤如下（见图6-18、图6-19）。

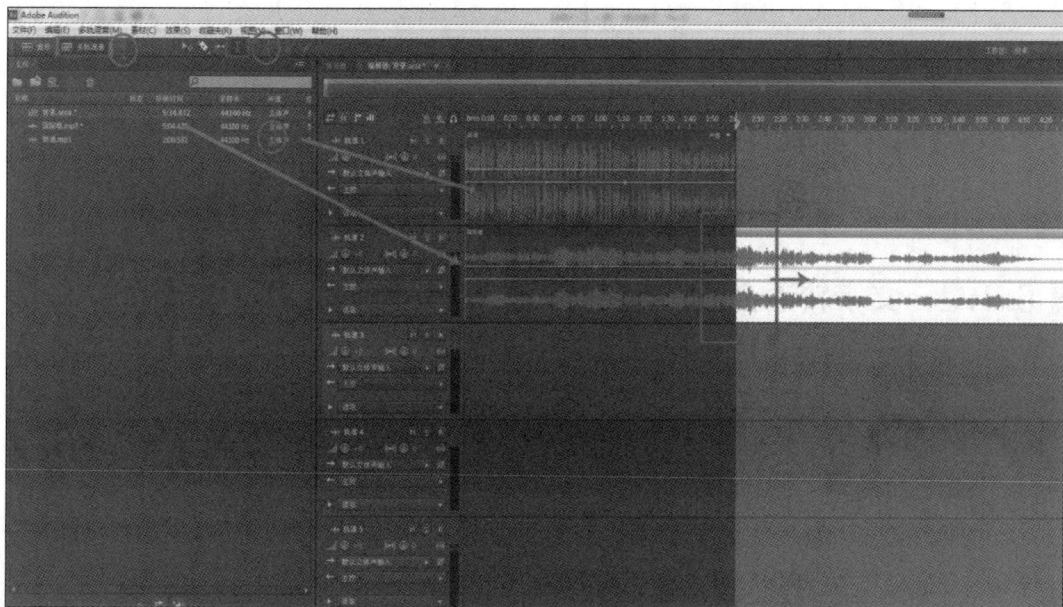

图6-18　添加背景音乐

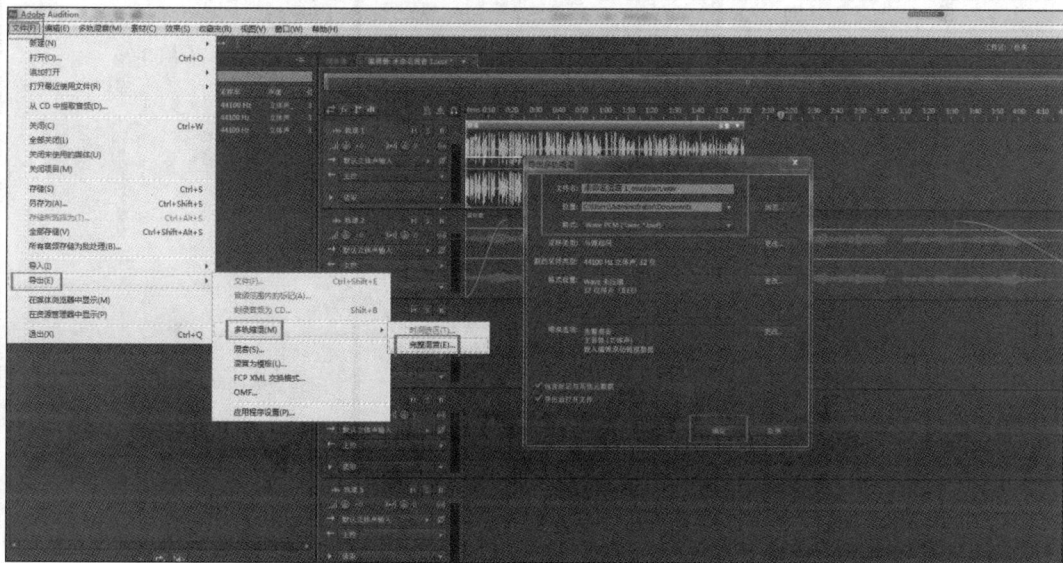

图6-19　生成音频文件

步骤01 ▶将录音和背景音乐文件导入软件，单击"多轨混音"功能选项。

步骤02 ▶在左上角单击选中音乐文件，按住左键把录音、背景音乐文件分别拖放到工作区内，并调整两个音轨声音的相对时间（位置）。

步骤03 ▶如果背景音乐过长，可单击"时间截取工具" 按钮，将鼠标指针放置在背景音乐中与录音文件结尾对应的位置。按住鼠标左键向右拖动直到到达音乐波形图结尾，将多余的音乐选中，按"Delete"键，删除多余音乐，以使背景音乐和录音时长一致。为了避免背景音乐产生突兀感，还可以对其添加"淡入""淡出"效果。

调整音轨前面的声音控制台"音量"左右拖动，可整体调整该音轨的相对声音，直到两个音轨声音响度相对平衡。调节完成后可以试听配乐效果。

步骤04 ▶依次单击"文件"—"导出"—"多轨缩混"—"完整混音"选项，在弹出的对话框中设置好文件名、存储位置、格式等，单击"确定"按钮，即可生成音频文件。

▌6.1.4 文字转语音

如果需要将一段文字转换为语音，可以使用相关软件来实现。

使用喜马拉雅可以将文字转为语音，喜马拉雅App内置了"小说""社科""新闻""娱乐""儿童"等多种风格的音乐转换功能，如图6-20所示。

识别朗读时，难免会有文字识别错误，造成朗读有误，这时可以通过在文字框中修改文字来解决。如果有多音字，可以提前标注正确读音。

类似的文字转语音软件和小程序有很多，其功能也不太一样，用户可根据需求选择。

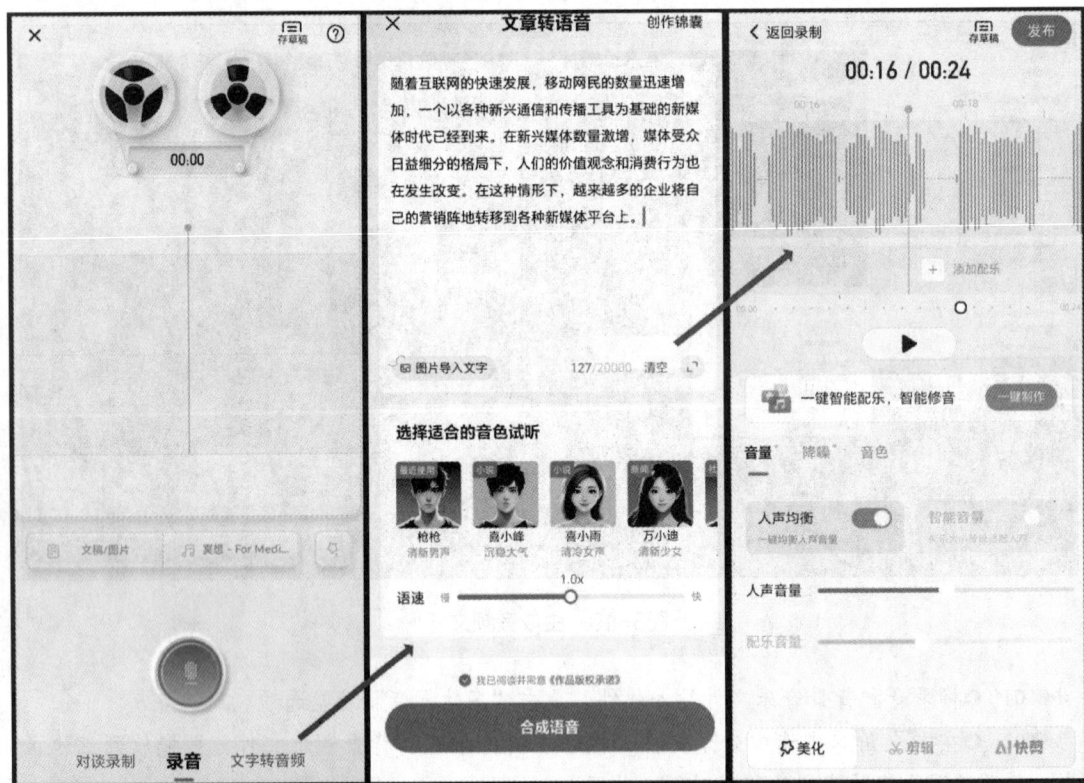

图6-20 喜马拉雅文字转换语音功能

6.2 视频及其拍摄与剪辑应用

伴随移动互联网的飞速发展，具备"短、平、快"特征的短视频迅速进入公众生活，成为人们传递和获取信息的主要形式之一，带来了短视频拍摄制作的热潮。

6.2.1 新媒体短视频概述

近年来，短视频发展迅猛，短视频行业规模持续增长，短视频内容不断丰富，质量持续提升。在数量庞大的用户和流量背后，短视频显示出强大的变现潜力，被专业机构和个人创业者青睐，迅速成为新媒体经济发展的主要阵地之一。短视频结合声音、画面、文字，呈现一种新的图文形式，对信息展示更加直观生动，加上数码相机、手机等电子产品已深入大众生活，人们进行短视频拍摄制作很方便。特别是短视频"简短易看""易于传播""适于传播"的轻体量特质，使用户可以在碎片化时间里看完其内容。

新媒体技术的发展更促进短视频传播逐渐成为互联网空间的"爆点"。智能手机已经能够普遍而便捷地连接Wi-Fi和5G网络，且网络传输速度不断提升，这使得智能手机可以轻松地安装并快速运行多类型的短视频App，从而使用户流畅地观看各类短视频。同时，抖音等平台会通过大数据算法，实现用户观看内容的"千人千面"，即平台可以根据每一位用户的观看喜好，为他们精准推送个性化内容，这更提高了用户的短视频观看体验，提升了短视频的传播效果，使用户对短视频产生了较强的依赖性。

短视频具有以下特点。

1. 碎片化的传播，易懂易记

短视频播放时间短，即时性强，无须用专门的视频播放器观看，用户观看便捷，符合用户在新媒体时代下的信息碎片化获取需求，也契合用户对碎片化时间的应用方式。因此，短视频的快速发展，正是新媒体产品充实当代人生活碎片时间、满足当代人信息需求的结果。

2. 传播速度快，扩散范围广

在互联网不断发展的过程中，移动设备成为短视频传播的主流途径，这给短视频传播带来无限的潜能。短视频花费的流量相对较少，并且观看非常方便，因而受到网民的欢迎，同时，朋友、家人之间的相互分享与推荐，使其传播更为广泛。

3. 编辑软件模块化，制作简单

当下各类短视频拍摄软件越来越智能化，拍摄、编辑短视频不再需要专业化的设备，只要有网络和手机就可以在较短的时间内制作出一条短视频。并且，很多短视频拍摄软件都有添加滤镜、美颜特效、装饰、文字等功能，有效丰富了短视频的内容及呈现效果，让更多人能够享受这种随用随拍、立即分享的乐趣。

6.2.2 视频的下载与格式转换

人们在网络上看到喜欢的视频时，往往会有下载保存的意愿，但值得注意是，下载网络视频一定不可侵犯原视频创作者的著作权。

1. 视频的下载

固乔视频助手可以为会员用户提供搜索下载视频的服务，特别是支持下载一些电商平台或自媒体中的视频，方便快捷，其下载界面如图6-21所示。

利用固乔视频助手从自媒体平台（以好看视频平台为例）下载视频的操作方法如下。

步骤01 ▶打开视频网页并复制网址。

步骤02 ▶打开固乔视频助手，单击"自媒体视频下载"选项，在弹出的界面空白处粘贴复制好的网址，然后单击右下角的"作者作品下载"按钮（见图6-22），等待文件下载完毕。单击界面下方的"打开文件夹"按钮，打开存储路径，即可找到下载的视频文件。

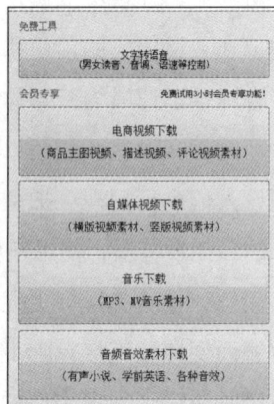

图6-21 固乔视频助手下载界面

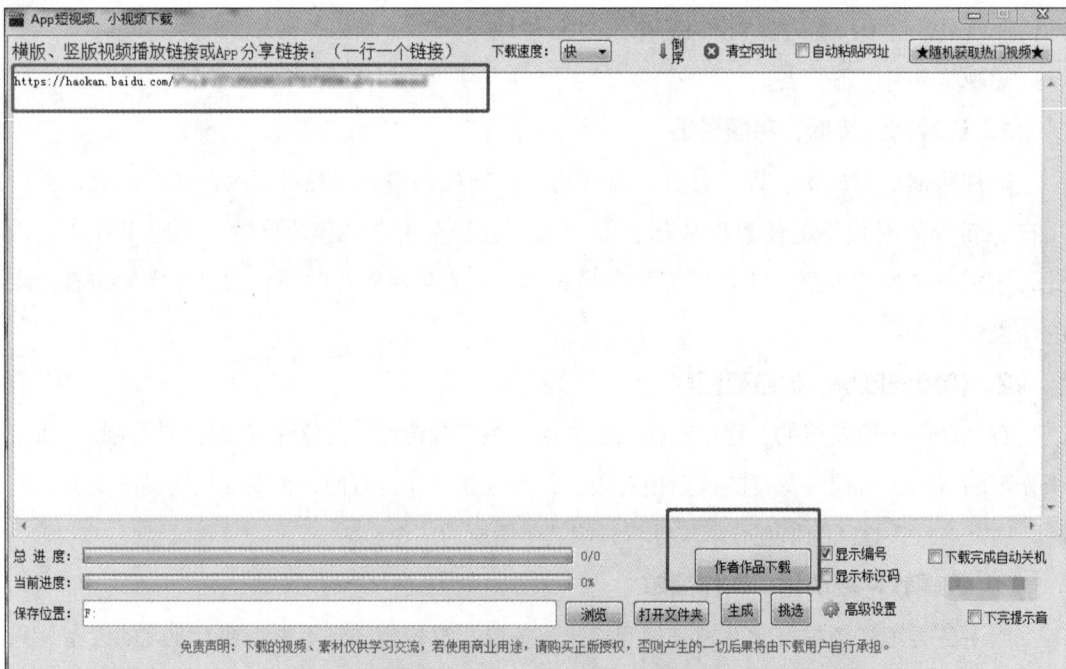

图6-22 自媒体视频下载窗口

2. 视频的格式转换

能够转换视频格式的软件有很多，比如格式工厂、迅捷视频转换器、暴风影音、狸窝全能视频转换器等；另外还有在线格式转换平台，在线平台不受转换硬件条件的限制，通过网络可随时随地进行视频格式的转换。

使用狸窝全能视频转换器进行视频格式转换的步骤如下（见图6-23）。

步骤01 ▶打开软件，单击页面左上角的"添加视频"按钮，按文件路径找到要转换格式的视频文件，双击将视频文件导入软件中，可以同时选中多个文件一起导入。

步骤02 ▶单击界面下方"预置方案"右侧的下拉箭头，选择要转换的视频格式，单击右下角"转换按钮" 🔘，即可完成视频文件的格式转换。

图6-23 狸窝全能视频转换器转换视频格式

狸窝全能视频转换器还具备对视频进行截取、剪切、效果调节、添加水印等简单的编辑功能，操作方法详见微课视频。

6.2.3 使用手机拍摄、制作短视频

随着短视频的流行，越来越多的人开始尝试使用手机拍摄、制作短视频。常见的手机短视频拍摄、制作软件有Quik、秒剪、剪映、快影、大片、抖音、快手等。

1. 使用手机拍摄短视频的技巧

随着配置的不断提升，手机同样可以拍摄出优秀的短视频，但需注意以下几个细节，以提高短视频拍摄质量。

（1）提前构思自己所要拍摄的内容

良好的准备工作是拍摄出优秀短视频的必要开端，能为拍摄节省很多时间和避免不必要的麻烦。拍摄前要确定你要拍的主题，并根据主题明确需要用到的设备。如果是有人物出镜的短视频，还必须充分做好与人物的沟通，让人物在镜头前完全放松，避免因为人物紧张导致拍摄周期延长，拍摄质量不佳。

（2）了解手机的最大兼容性与模式参数等

手机因为品牌不同，其相机能设置的参数有所区别，但对于拍短视频来说是大同小异的。一般爱好者在普通的情况下拍摄都是采用全自动模式，但在某些特殊的情景下，如夜晚、阴雨天等，有条件的还是建议手动调节曝光度、ISO、快门速度等。综合来说，参数还是要根据所拍摄的内容来确定。

（3）明确场景构图和光线布局

要拍出一个好的短视频，必须明确整体的构图和光线的布局。不管是摄影还是摄像，明确这两点都是最基本的。首先要明确场景的构图，尽量能做到人和物在合理的位置，避免出镜、过分遮挡等难以弥补的情况出现。然后要对光线进行控制，尽量让光线达到自己满意的效果，避免因光线不足导致后期噪点增多、出片率低。假如画面的某些部分看起来太亮或太暗，可尝试改变拍摄的位置或重新找一个角度。

（4）拍摄时保持平稳

手机体积相对较小，重量也较轻，很容易抖动，因此拍摄时要注意保持平稳。虽然使用云台稳定器可以有效避免手机抖动，但不管是用云台稳定器还是手持，拍摄时必须稳住身体，在移动的时候脚步一定要平稳，以使画面保持稳定。

但如果你想要展现一些运动镜头，而你的手却不宜动时，你可以以脚为基础，使整个上身带动手机一起运动，这样画面也能保持平稳运动。

（5）了解手机的局限性

利用手机拍摄短视频之前，最好先了解一下手机的局限性，例如检查一下手机的可用内存与电量，做好充分的准备。

2. 使用剪映拍摄短视频

用手机下载并安装剪映，剪映的操作界面如图6-24所示。

点击"拍摄"按钮进入拍摄界面，然后点击屏幕下方的"摄像机"按钮，即可开始拍摄短视频。拍摄的屏幕右上方有4个按钮，分别可以调整视频尺寸、比例、分辨率等，转换前后摄像头，美容瘦脸，套用模板；屏幕右下方有"效果""灵感"两个按钮，"效果"按钮可以给视频添加特定的色彩效果，"灵感"按钮可以给拍摄提供参考。点击屏幕下方的"停止"按钮即可完成拍摄。

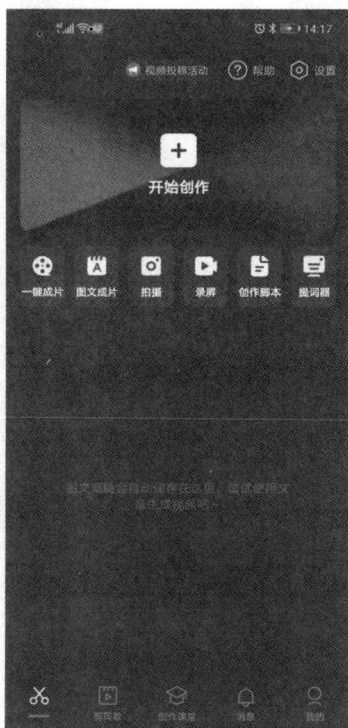

图6-24　剪映的操作界面

3. 使用剪映制作短视频

使用剪映制作短视频的操作方法如下。

步骤01 ▶打开剪映，点击屏幕上方的"开始创作"按钮，从手机相册中选择视频或者照片素材。

步骤02 ▶点击屏幕右下方"添加"按钮，导入视频或照片素材进行创作，还可以选择剪映自带的素材库中的素材。界面左下方的"剪辑"功能内的"分割"功能可以裁剪掉不需要的视频内容；场景转换效果可改善视频场景转换时的视觉效果，提升视频的可欣赏性。

步骤03 ▶在编辑界面点击屏幕左下方的"音频"按钮给视频添加音乐（见图6-25）。

对于音频，剪映提供了几种添加方式：点击"音乐"按钮，可以添加剪映音乐库自带的音乐；点击"音效"按钮，可以添加特殊的声音效果；点击"抖音收藏"按钮，可以登录自己的抖音账号，添加在抖音中收藏的音乐或声音；点击"提取音乐"按钮，可以提取并添加手机里视频、音频中的声音；点击"录音"按钮，可以即时添加自己的录音。

步骤04 ▶在编辑界面，点击"文本"按钮，可以给视频添加文字，还可以设置文字的大小、样式、颜色、版式、动画效果等（见图6-26）。

图6-25 使用剪映添加音乐

图6-26 使用剪映添加文字

在播放进度窗口，拖动文字素材两端的白色竖条方框，可确定文字添加的时间位置（见图6-27）。

图6-27 使用剪映设置文字添加的时间

添加文字时，可以添加"文字模板"文字及贴图文字，还可以使用识别字幕、识别歌词等功能自动添加文字。要注意的是，视频中添加的文字数量不宜过多，因为视频界面大小有限，文字太多影响视觉效果。

步骤05 ▶编辑结束后，点击屏幕右上方的"导出"按钮，即可完成短视频制作，并即时发布到抖音或西瓜视频等平台。

使用剪映还可以添加画中画、特效、滤镜等动态效果，也可以对视频的色彩、亮度、对比度、饱和度、光感、锐化等细节进行调整。针对某一段视频，剪映能够进行变速、倒放、调节音量、添加入场动画、美容美颜、智能抠图、添加蒙版等操作，还可以对声音进行降噪和变声操作。

6.2.4　使用Camtasia Studio编辑视频

Camtasia Studio是一款功能强大的录屏及视频编辑软件，提供了强大的屏幕录像、视频剪辑和编辑、视频菜单制作、视频播放等功能。

它能在任何颜色模式下轻松地记录屏幕动作，包括影像、音效、鼠标指针移动的轨迹、解说声音等。另外，它还具有及时播放和编辑压缩的功能，可对视频片段进行剪接、添加转场效果等操作。

1. Camtasia Studio主界面

Camtasia Studio主界面可以分为八大区域：菜单栏、"录制"按钮、工具栏、视频工具栏、视频播放区、播放控制区、属性区、时间轴区（见图6-28）。

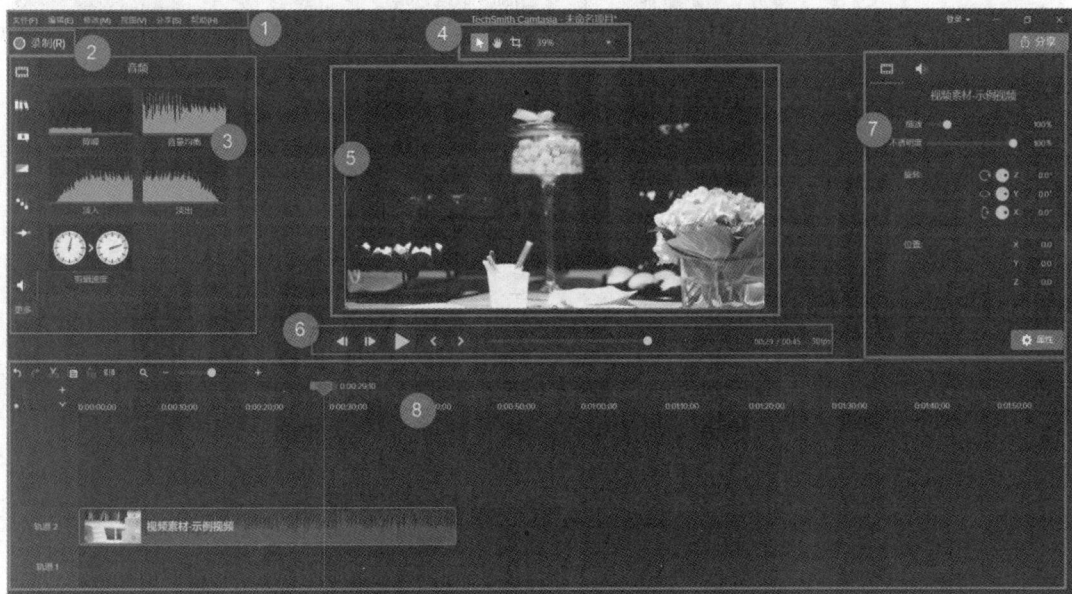

图6-28　Camtasia Studio主界面

① 菜单栏：包括文件、编辑、修改、查看、分享、帮助。

② "录制"按钮：单击"录制"按钮会弹出录制面板。后文会详细介绍其功能。

③ 工具栏：工具栏一共有11个工具，分别是媒体、注释、转场、行为、动画、光标效果、语音旁白、音频效果、视觉效果、互动、字幕。

④ 视频工具栏：包括编辑、抓手、剪切、缩放4个工具。

⑤ 视频播放区：编辑的视频在此处播放。

⑥ 播放控制区：这个区域按钮的功能与一般视频播放器相同。

⑦ 属性区：在这里可以对选中的视频进行格式编辑，如位置变化、素材旋转、动画设置等。

⑧ 时间轴区：时间轴区拥有众多的按钮及功能，可以实现对视频的编辑工作，包括剪辑视频、添加转场效果、添加注释等。

2. 使用Camtasia Studio进行屏幕录制

Camtasia Studio具有很强的屏幕录制功能，其录像器能在任何颜色模式下轻松地记录屏幕动作，包括鼠标指针的运动、菜单的选择、弹出窗口、打字和其他在屏幕上看得见的内容。

3. 使用Camtasia Studio编辑视频文件

除了录制屏幕和对录屏视频进行编辑外，Camtasia Studio还具有对其他外部视频进行编辑的功能。

4. 使用Camtasia Studio输出视频文件

使用Camtasia Studio输出视频文件的操作步骤如图6-29所示。

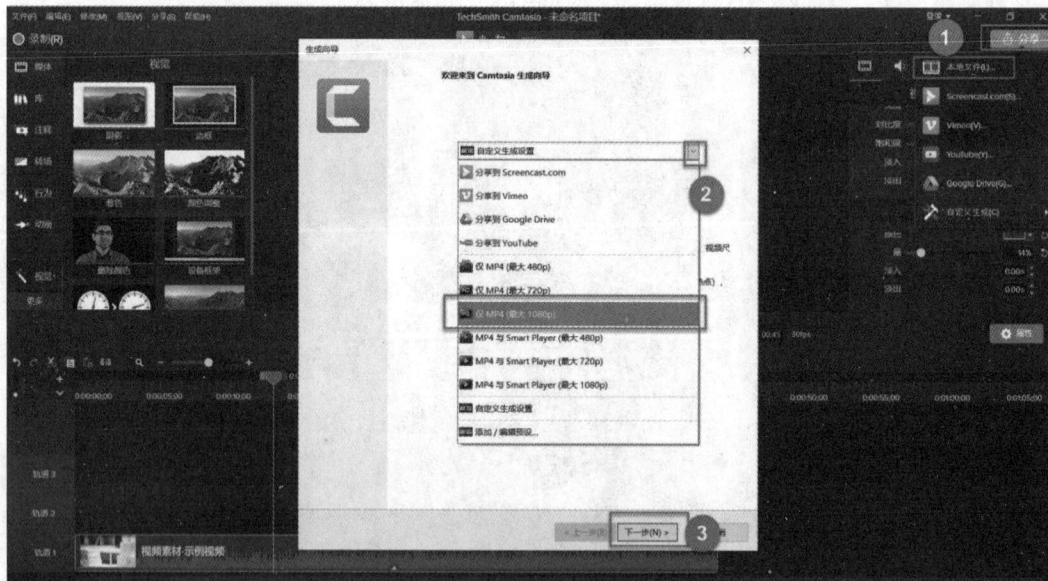

图6-29　Camtasia Studio输出视频文件界面

6.2.5 视频的发布与推广

用户可以充分利用视频传播的特点与优势，将产品宣传推广、品牌策划等素材制作成一部宣传视频，投放到社交媒体，让产品宣传方式更丰富、更快捷。企业和品牌方可能是在多个平台同时开展短视频营销，不同平台的用户特点、热门话题、用户习惯都有所不同。

1. 短视频的发布

（1）发布时间

若营销活动是针对特定节假日或特殊日期的，可以在同一天安排全平台同时发布短视频。若是日常活动，则可以依次在不同平台发布短视频。不论是同一时间发布还是分开发布，需要注意的是，不同平台的用户活跃时间段不同，一定要结合自己目标群体的活跃时间去发布，因为职业和工作性质的不同，每个细分行业的人的空闲时间都有所不同。

（2）发布文案与话题

发布短视频时，营销人员应该根据不同平台的特点有针对性地准备不同的发布文案与话题。营销人员可以根据营销需求的不同，从以下3个角度考虑。

①关键词布局

短视频平台的流量非常大，所以在短视频平台发布视频时要利用其搜索功能设置关键词，方便粉丝快速找到我们，带来大量精准的搜索流量。设置关键词的时候要考虑如何引导粉丝观看，如何引导粉丝互动，同时也要设置引流话术和品牌宣传话术。

②@功能的使用

在发布短视频时，营销人员可以添加@好友，让平台内其他账号推荐自己的内容。如果其他账号的粉丝有兴趣，就可以直接点击"@+账号"进入我们的账号，观看相关的视频内容，或者关注我们的账号，进而实现粉丝转化的目的。

③添加位置

用户在浏览短视频时，有时会发现在短视频左下角的账号名称上方显示有地址信息。营销人员在"发布"页面中进行设置时，设置好标题，添加话题标签，添加@好友后，下一步就是设定"你在哪里"的位置信息，添加位置可以让粉丝更方便地找到你。

（3）使用易媒助手快捷发布视频

使用易媒助手可以同时管理几十个自媒体平台账号，同时支持将文章、视频、微动态一键同步到绑定管理的多个自媒体平台账号中。相对于传统浏览器操作，易媒助手分发的平台更多（见图6-30），有效提升了工作效率和办公效率，减少了人工成本。

2. 短视频的营销推广策略

短视频营销效果显而易见，各种大小品牌也纷纷开始布局短视频，但是从实际现状来看，大部分品牌的营销和推广存在跟风、盲目宣传、缺乏创意的情况，那么在短视频时代，该怎样有效地进行品牌营销和推广呢？

文章支持管理+一键分发平台

| 公众号 | 头条号 | 百家号 | 企鹅号 | 大鱼号 | 一点号 | 搜狐号 | 网易号 | 新浪微博 | 趣头条号 | QQ看点 | 东方号 |

| 新浪看点 | 快传号 | 大风号 | 哔哩哔哩 | 惠头条 | 搜狗号 | 简书号 | 知乎 | 凯迪号 |

视频支持管理+一键分发平台

| 火山视频 | 头条号 | 百家号 | 企鹅号 | 大鱼号 | 一点号 | 搜狐号 | 网易号 | 新浪微博 | 趣头条号 | QQ看点 | 东方号 |

| 新浪看点 | 快传号 | 大风号 | 爱奇艺号 | 秒拍号 | 哔哩哔哩 | 腾讯视频 | 优酷 | 搜狐视频 | 惠头条 | 搜狗号 | 抖音 |

| 快手 | 美拍 | 百花号 | 皮皮虾 | 全民视频 | 小红书 | 知乎 | 微视 |

图6-30　易媒助手快捷发布支持的平台

（1）打造短视频账号矩阵

打造短视频账号矩阵可以降低单个账号的运营风险，各账号之间还可以通过资源互换提高粉丝量，更容易为品牌打造出爆款短视频。打造短视频账号矩阵需要各方通力配合，首先要做的就是明确账号的分类与定位。目标群体不同，需求也不同，即使是同一目标群体，其需求也可能不一致。在明晰视频账号定位和功能的基础上，官方账号通过合理布局，发起互动类视频，借助网红引流与推动，从而形成多个高质量个人互动类衍生账号。

（2）借助短视频达人的影响力推广品牌

短视频达人是品牌目标群体的关键意见领袖（Key Opinion Leader，KOL），目标群体对达人的信任度与忠诚度较高，因此，可借助达人助力品牌推广。例如，旅游达人应优先考虑选取视频侧重内容不同的达人，他们在内容输出上更具有包容性，内容多种多样。从大众内容到小众内容，可满足游客不同的需求。在粉丝数量的考量上，建议与粉丝数量在1万到10万的达人长期合作。这类旅游达人与粉丝的互动较多，粉丝黏性较强。此外，可与百万粉丝量旅游达人在特殊节日合作引流。

（3）短视频＋线下活动，提升粉丝体验感

短视频平台本质上是为品牌提供了一个推广的渠道，但很多营销活动仍然无法脱离线下的支持，所以品牌应该打通线上与线下平台，为消费者提供更为全面的产品接触途径。例如，在抖音品牌热度榜中持续火热的国产汽车品牌五菱汽车，其抖音账号频繁发布各种有关本品牌产品的测评、改装、销售等信息；另外，它也在显著地方设置了"联系我们""查看门店"等板块，将用户从线上引流至线下，让用户进一步了解品牌产品；同时，它也经常发起各种品牌挑战赛，将用户线下的汽车改装等活动引流至线上展示，形成了良好的线上线下联动机制。

行业视点

网络空间不是"法外之地"

　　网络空间不是"法外之地"。要推动依法管网、依法办网、依法上网，确保互联网在法治轨道上健康运行；要压实互联网企业的主体责任，绝不能让互联网成为传播有害信息、造谣生事的平台。

　　为提升短视频内容质量，遏制错误、虚假、有害内容传播、蔓延，营造清朗网络空间，根据国家相关法律法规，2019年1月9日，中国网络视听节目服务协会发布《网络短视频平台管理规范》（简称《规范》）和《网络短视频内容审核标准细则》，对短视频内容、技术等方面做出详细要求。

　　文件针对目前短视频领域的不足，从平台管理和内容审核方面进行规范。《规范》要求，网络短视频平台应当建立总编辑内容管理负责制度，并实行节目内容先审后播制度，包括标题、简介、弹幕、评论在内的内容都应经审核后方可播出。同时，《规范》强调实行实名认证管理制度，对于上传违法违规内容的账户，除追究相关责任外，还应当建立"违法违规上传账户名单库"，并实行信息共享机制。被纳入"违法违规上传账户名单库"中的人员，各网络短视频平台在规定时期内都不得为其开通上传账户。

6.3　课堂实训

6.3.1　使用固乔视频助手下载视频

1. 实训要求

（1）了解固乔视频助手。

（2）能使用固乔视频助手下载视频。

2. 实训步骤

（1）下载固乔视频助手。

（2）利用固乔视频助手下载自媒体视频功能，下载快手平台的视频。

（3）利用固乔视频助手下载电商视频功能，下载"手机"主题的电商视频。

6.3.2　使用喜马拉雅将文字转换为声音

1.　实训要求

（1）了解喜马拉雅文字转语音的功能。

（2）使用喜马拉雅文字转语音功能将课本中的一段话转换为声音。

2.　实训步骤

（1）打开喜马拉雅。

（2）点击"文字转音频"选项，拍摄课本中的一段话并上传。

（3）将拍摄的图片转换为文字。

（4）选择"成熟男声"音色将文字转换为语音。

6.3.3　使用Audition录制并编辑音频

1.　实训要求

（1）熟悉Audition。

（2）朗读课本中的一段话并录制下来。

（3）对录制的声音进行美化和编辑。

2.　实训步骤

（1）使用Audition录制自己朗读课本的声音。

（2）对录制的声音进行降噪。

（3）去掉开头和结尾的多余部分。

（4）给声音添加混响、回声等效果。

（5）给声音添加背景音乐。

6.3.4　使用剪映录制并编辑短视频

1.　实训要求

（1）了解剪映的录制和编辑功能。

（2）使用剪映录制一分钟左右的短视频。

（3）使用剪映编辑短视频，给短视频添加一些效果。

2.　实训步骤

（1）在手机上下载并安装剪映。

（2）打卡剪映，用录制功能录制短视频。

（3）使用分割、转场、调整播放速度、添加滤镜等功能编辑、美化短视频。

6.3.5 使用Camtasia Studio编辑短视频

1. 实训要求

（1）了解Camtasia Studio的录制和编辑功能。

（2）使用Camtasia Studio编辑短视频。

2. 实训步骤

（1）导入视频文件。

（2）使用裁剪工具、剪切工具、分割工具等处理短视频。

（3）给短视频添加转场效果、图形文字标识、覆叠视频，并进行视觉效果调整。

（4）尝试抠取短视频背景。

（5）输出短视频。

课后习题

一、单项选择题

1. 首次使用喜马拉雅录制声音，需要（　　）。

A. 点击"创作"按钮　　　　　　　　B. 创建专辑

C. 设置时长　　　　　　　　　　　　D. 清理内存

2. 使用Audition编辑音频，调节音频局部音量时，应先（　　）。

A. 选中需要调节的声音范围　　　　　B. 拖动"调整振幅"按钮

C. 选择"降低音量"按钮　　　　　　　D. 按"向下"键

3. 使用Audition给音频添加背景音乐，一般应在（　　）界面下完成。

A. 单轨编辑　　　B. 波形图　　　　C. 多轨混音　　　　D. 室内混响

4. 使用喜马拉雅将文字转换为声音时，为防止多音字转换错误，可以（　　）。

A. 朗读一遍文字　　　　　　　　　　B. 将多音字替换为同音字

C. 给语音设置背景音乐　　　　　　　D. 用标点符号设置停顿

二、多项选择题

1. 音视频媒体能够快速发展的主要原因有（　　）。

A. 云服务的普及　　　　　　　　　　B. 网络技术的发展

C. 消费者娱乐需求的增加　　　　　　D. 智能手机的普及

2. 固乔视频助手为用户提供（　　）等多种服务。

A. 平台视频下载　　　　　　　　　　B. 电商视频下载

C. 网络音乐下载　　　　　　　　　　D. 视频格式转换

3. 狸窝全能视频转换器能够完成（　　）等视频编辑操作。

A. 截取　　　　　　B. 剪切　　　　　　C. 添加效果　　　　D. 添加水印

4. 音乐格式工厂为用户提供了（　　）等功能。

A. 视频转音频　　　　　　　　　　B. 音视频转格式

C. 音频变速、倒放　　　　　　　　D. 提取伴奏

5. 使用Camtasia Studio录屏，应先设置（　　）。

A. 录屏区域　　　　　　　　　　　B. 摄像头是否启用

C. 声音录制范围　　　　　　　　　D. 录制音量大小

三、判断题

1. 狸窝全能视频转换器可以将视频转换为任意格式的视频。　　　　　　　　（　　）

2. Audition具有"降噪"功能，能够去除音频中的噪声。　　　　　　　　（　　）

3. 编辑制作视频应遵守国家相关法律法规。　　　　　　　　　　　　　　（　　）

4. 使用剪映编辑视频时，可以给视频添加背景音乐。　　　　　　　　　　（　　）

5. 在Camtasia Studio中调整视频的播放速度，视频的中的声音不受影响。　（　　）

四、简答题

1. 下载媒体音视频的方法有哪些？

2. 如何使用手机制作视频？

3. 简述用Camtasia Studio编辑视频的方法。

4. 简述音视频格式转换的方法。

5. 简述利用短视频进行品牌或产品营销的策略。

项目 7 新媒体营销直播技能

学习目标

- 了解直播营销的优势
- 掌握直播平台的主要类型
- 能根据要求撰写直播脚本
- 能合理运用直播营销相关知识开展直播营销活动
- 培养职业道德和法律意识
- 培养并践行社会主义核心价值观

知识结构图

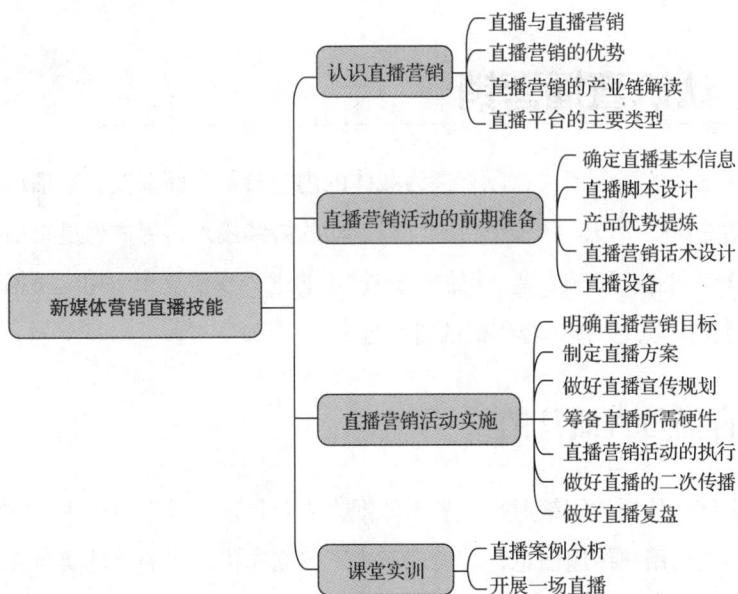

东方甄选直播间的走红

2022年6月16日午间，新东方集团旗下的东方甄选直播间粉丝数突破千万。飞瓜数据专业版显示，2022年6月15日晚间，东方甄选直播间在线人数一度达到62.8万，销售额更是创下新高——5664.1万元。这在6天前，是主播们不敢想象的。董宇辉、YoYo曾在视频中称："很长一段时间内，直播间只有几个人，都是自己的父母下两单。"属于东方甄选的转机出现在2022年6月10日上午，一段东方甄选主播董宇辉用双语卖牛排的视频在全网走红。

自称"兵马俑"的带货主播董宇辉，曾经是新东方的高中英语教研负责人。其言语之间充满了诗意，所讲内容从杜甫、苏东坡，到尼采、黑格尔、苏格拉底、莎士比亚……幽默和文艺并行，金句不断，令人持续"上头"。不少网友在直播间表示，进来就走不掉了。

东方甄选直播间之所以走红，就像董宇辉经常提到的《月亮与六便士》一书中的那句话："满地都是六便士，他却抬头看见了月亮。"2022年6月10日晚上，俞敏洪在东方甄选直播间和董宇辉搭档直播，直播间人气突破10万。

案例思考：

为什么直播能够吸引个人、用户和企业？

案例启示：

互联网直播的出现给企业带来了新的营销机会，企业借助直播能在呈现产品价值环节支付更低的营销成本、实现更快捷的营销覆盖；在实现价值交换环节获得更直接的营销效果，能够收到更有效的营销反馈。另外，直播内容多样化可以满足用户的多样化需求。

7.1 认识直播营销

随着互联网红利的逐渐消失，以直播为载体的内容营销全面爆发，直播已经成为各个企业开展营销活动的重要手段。随着平台对直播活动的持续投入，用户通过直播购物的习惯逐渐养成，直播营销产业链渐渐成型，再加上5G技术的进一步普及和运用，直播营销在未来将呈现爆发式的增长状态，引领内容营销的新潮流。

7.1.1 直播与直播营销

在当前信息广泛传播的网络时代，静态的图文内容越来越难以吸引用户的注意力，而直播是以视频的形式向用户传递信息，其表现形式不仅立体化，还能实现实时互动，更容易吸引用户的注意力，所以直播获得了很多人的青睐。随着直播行业的蓬勃发展，各企业也纷纷运用直播来开展营销活动，实现销售渠道的开拓和销售额的提升。

传统意义上的直播是指广播电视节目的后期合成与播出同时进行的播出方式，如以电视或广播平台为载体的体育赛事直播、文艺活动直播、新闻事件直播等。随着互联网技术的发展，尤其是网络传输速度的提升和智能手机的普及，基于互联网的直播形式出现了，即用户以某个直播平台为载体，利用摄像头记录某个事件的发展进程，并在网络上实时呈现，其他用户能在相应的直播平台直接观看并进行实时互动。当前人们所说的直播，多数情况下是基于互联网的直播。本书所讲的直播也是基于互联网的直播。

直播以互联网技术为依托，具有实时性强、互动性强、更具真实性的特点。直播结束后，直播方还可以为用户提供重播、点播服务，这样做有利于扩大直播的影响范围，最大限度地发挥直播的价值。直播作为一种全新的内容表现形式，在丰富互联网内容表现形式的同时，也为企业带来了一种新的营销方式——直播营销。

所谓直播营销，是指企业以直播平台为载体进行营销，以达到提升品牌影响力和提高产品销量目的的一种营销活动。

7.1.2 直播营销的优势

直播为企业带来了新的营销机会。作为一种新兴的营销方式，直播营销具有以下3个优势。

1. 即时互动性

传统的营销方式通常是由企业发布营销信息，用户被动地接收信息。在这个过程中，企业无法立刻了解用户对营销信息的接收情况和对营销信息的态度。

而直播具有良好的互动性，在直播过程中，企业在向用户呈现营销信息的同时，用户也可以针对营销信息互动，参与到直播中。这样既有利于增强用户的参与感，又带动了直播间的氛围。在直播中针对某话题，甚至可以形成意向用户、围观用户和企业三方之间的强烈互动，真正实现企业与用户之间、用户与用户之间深度互动，实现营销效果最大化。

2. 场景真实性

在营销活动中，真实、高质量的产品是企业赢得用户信任的第一步。在传统的营销方式中，图文类广告、视频类广告虽然制作精良，极具吸引力，但是有些用户往往会对其呈现的产品的真实性产生质疑，因为这些广告都是提前制作好的，在制作过程中经过了大量人为的剪辑和美化。而通过直播，企业不仅可以展示产品的生产环境、生产过程，获得用户的信任，还可以展示产品的试吃、试玩、试用等过程，让用户直观地了解产品的使用效果，从而刺激用户的购买欲。

3. 营销效果直观性

用户在线下购买产品时，容易受到外部环境的影响。而在直播中，主播对产品的介绍和现场展示，以及直播间内很多人争相下单购买的氛围，很容易刺激用户直接下单购买产品。在直播过程中，直播运营团队可以看到直播间的实时数据，了解直播间内产品的售卖情况，及时掌握直播的营销效果。

7.1.3 直播营销的产业链解读

直播并不仅是拓展营销渠道的方式，更是一种创新知识服务的手段。如今，企业应不断发展"互联网+"思维，注重服务用户的深度需求。要想利用好直播营销，实现从抢夺用户的碎片化时间到真正通过直播带货的转变，就必须遵循直播营销发展的逻辑，运用互联网思维，打造出一条能引流、导流，最终"引爆"流量的产业链。

1. 直播营销产业链结构

在连接企业与用户的整条直播产业链中，按照整体功能角色来看，有平台运营方、内容提供方、传播渠道方、服务支持方等。在整个直播产业链中，直播只是一个工具，是一个为企业提高产品曝光率、转化率的现代化手段。

（1）平台运营方主要分为独立直播平台、垂直直播平台、版权直播平台等。直播平台上可对接企业，下可直接对接用户。

（2）内容提供方是用以生产内容和打造"网红"产业的链路。内容提供方根据行业属性可以分为网红/主播模块、经纪公司/工会模块、内容/版权模块。

其中的经纪公司/工会模块，是指经纪公司或大型工会对大量的直播资源进行整合，对主播进行统一化管理，并建立培训制度。直播平台通过与经纪公司或工会合作，能够缩减一定的主播管理成本。经纪公司与工会为了提高收入，会对旗下主播进行培训并开展运营活动。直播平台一般通过引入多家经纪公司/工会来避免单一超大型经纪公司/工会独大。

（3）传播渠道方是用以进行内容传播和分发的链路。这里的传播渠道方其实就是我们常说的互联网渠道，但直播本身分属于视频类、社交类、内容类产品，所以根据传播渠道可以分为视频类渠道、社交类渠道、内容类渠道。

（4）服务支持方是整个直播产业中最根本的保障层，包括内容监管方、电商广告主、支付方、视频云服务提供方、智能硬件提供方。没有他们，直播产业根本无法运转，更不会有现在的门槛低、发展稳定且繁荣的景象。

2. 电商直播营销产业链结构

以淘宝网、京东商城为代表的电商平台发展相对成熟，并开始在电商生态中增加直播模块，形成了以电商平台为基础的直播营销产业链。在这条产业链中，上游为工厂、品牌商、批发商、经销商等供应链方，中游为电商直播平台、MCN（Multi-Channel Network，多频道网络）机构和达人主播，下游为用户。

在这种产业链中，直播方式分为商家自播和达人直播。其中，商家自播由商家的导购人员或领导等内部人员来进行直播，达人直播由达人主播来进行直播。达人主播通常与MCN机构合作，通过MCN机构与供应链方对接。MCN机构为达人主播提供孵化、培训、推广、供应链管理等服务，并与达人主播分成。当然，也有少数达人主播会直接与供应链方对接。

3. 短视频直播营销产业链结构

以抖音、快手等为代表的短视频平台在直播领域也取得了较大的发展，逐渐形成了以短视频平台为基础的直播营销产业链，如图7-1所示。在这个产业链中，抖音、快手等短视频平台承担着为电商平台导流和为产品提供展示场景的任务，而下单、支付、物流等环节则由电商平台负责。

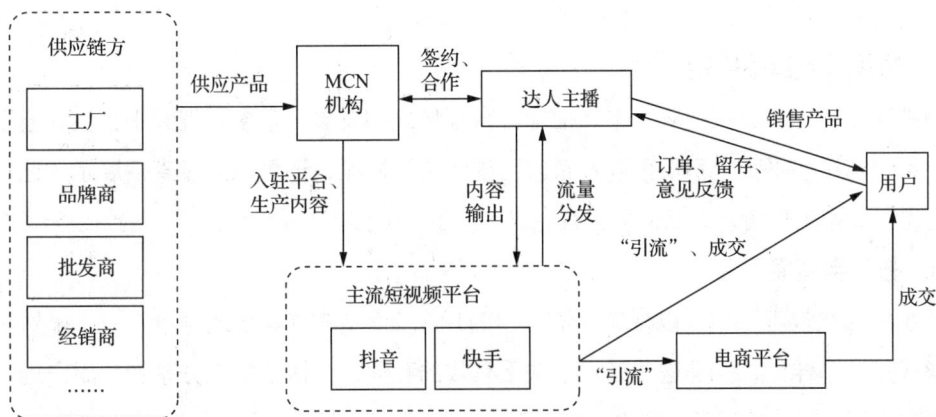

图7-1 以短视频平台为基础的直播营销产业链

在这种产业链中，达人主播会与MCN机构合作，或由MCN机构孵化达人主播，并为达人主播提供一系列服务。当然，也有部分头部达人主播不依附MCN机构，而是直接与上游供应链方对接。

7.1.4 直播平台的主要类型

直播平台是直播产业链中不可或缺的部分，它为直播提供了内容输入和输出的渠道。根据直播平台的主打内容来划分，目前市场上的直播平台可以分为综合类直播平台、电商类直播平台、游戏类直播平台、短视频类直播平台和教育类直播平台等。

1. 综合类直播平台

综合类直播平台是指包含户外、生活、娱乐、教育等多种直播类目的平台。用户在这类平台上可以观看的内容类型较多。目前，具有代表性的综合类直播平台有斗鱼、虎牙直播、

YY直播、花椒直播、一直播、映客等。

综合类直播平台通常包含较多的直播类目，因此用户进入直播平台后的选择较多。这种类型的直播平台在直播行业具有较大的优势，用户群体也比较大。

2. 电商类直播平台

电商类直播平台具有更多的商业属性，因此，在电商类直播平台进行的直播通常带有一定的营销目的。利用电商类直播平台，企业可以尝试以更低的成本吸引用户并促成交易。

电商类直播平台主要包括淘宝直播、京东直播、拼多多直播等，是以为用户提供产品营销渠道为主的平台。

3. 游戏类直播平台

游戏类直播平台主要是针对游戏的实时直播平台。游戏爱好者通常会较为规律地登录游戏直播平台，甚至追随某位游戏主播。

目前游戏类直播平台有斗鱼、虎牙直播、龙珠直播等。

4. 短视频类直播平台

短视频平台以输出短视频为主，但随着直播形式的发展，很多短视频平台也开通了直播功能，用户在这些平台上不仅可以发布自己创作的短视频，还可以通过直播展示才艺、销售产品。比较典型的短视频类直播平台有抖音、快手、美拍等。

5. 教育类直播平台

传统的在线教育平台多以视频、语音、图片、文字、PPT等形式分享知识，虽然呈现知识的形式足够多样化，但是这些形式都缺乏有效的互动，无法让知识分享者为用户进行实时的答疑和讲解，因此教育类直播平台应运而生，如网易云课堂、千聊、荔枝微课等。

7.2 直播营销活动的前期准备

直播营销活动并非异常简单的小型活动，如果没有做好前期策划，很可能无法达到预期的营销目的，甚至无法顺利进行。因此在直播营销活动开始之前，直播团队必须厘清直播营销的思路，做好直播营销活动的准备，然后根据直播营销方案有目的、有针对性地开展直播营销活动。

7.2.1 确定直播基本信息

在直播营销活动开始前，需要确认以下信息。

（1）直播时间。确认直播时间，如×月×日晚上8点开始。

（2）直播时长。设定直播时长，通常以2~3小时为宜。

（3）直播地点。直播地点包括直播平台与直播场地。应确认在哪个平台进行直播，如快手、斗鱼等；并确认直播场地，如公司直播间、家中、某某步行街等。

（4）主播。确认主播信息，如果有多名主播或特别嘉宾，还要确定每个人的身份与特长。

（5）直播目的。确定直播目的，如本场直播是以唱歌为主，还是以"带货"为主，据此进行准备。

这些信息确定后，不仅要给自己和直播团队列出计划表，还要在微博、微信群等平台发布直播信息，使用户提前获知直播信息，等待直播。

7.2.2 直播脚本设计

对直播脚本进行设计，以避免直播时陷入无话可说的境地；尽可能对脚本进行细化，直播时按照脚本推进。

直播脚本是对整场直播活动的内容与流程的规划与安排，重点是规划直播活动中的玩法和直播节奏。通常来说，直播脚本应该包括以下方面。

（1）直播主题。从用户需求出发，明确直播主题，避免直播内容没有营养。

（2）直播目标。明确直播要实现何种目标。如果直播目标是以"吸粉"为主，脚本设计要多侧重于粉丝互动，尽可能展示主播的特长，如唱歌、跳舞、游戏技能等；如果直播目标是推荐产品，脚本设计要注意对产品信息的收集与整理，重点介绍产品功能、口碑、品牌价值等方面；如果直播目标是变现，脚本要设计好销售语言，通过倒计时、红人榜等方式刺激粉丝产生购买行为。

（3）主播介绍。介绍主播、副主播的名字、身份等。

（4）直播时间。明确直播开始、结束的时间。

（5）梳理直播流程。对直播流程进行规划，尽可能细化到每个时间段。如前5分钟热场，欢迎新粉丝；第20～50分钟进行才艺展示；同时要预判哪些时间点会冷场、哪些时间点气氛会比较热烈，提前进行细节设置，通过针对性的技巧调节气氛。

（6）设置互动环节。设置互动环节的游戏，包括抽取半价奖励、口令游戏等。不必追求在一次直播中使用全部游戏，但一定要让互动产生火爆的效果。

7.2.3 产品优势提炼

直播营销的对象是用户，是不同类型的人。主播要设身处地地站在用户的立场上思考问题，深入了解用户的现状与内心感受，挖掘其真正的需求，找到他们的"痛点"，挠到他们的"痒点"，触达他们的"爽点"，进而根据其"痛点""痒点""爽点"提炼产品优势和产品关键词。

（1）"痛点"就是用户急需解决的问题。痛点营销就是通过挖掘用户急需解决的问题，找出其核心需求，提出积极有效的解决方案，从而提高营销成功概率的一种营销方法。

（2）"痒点"一般针对人们想象中的那个自己。人都有七情六欲，欲望得不到满足，心就会痒，人就会想方设法满足自己的欲望。因此有些产品的定位不是解决用户的痛点，而是尝试抓住用户的痒点，满足用户的欲望。

（3）"爽点"反映的是人的即时满足感。人的需求如果能够得到及时满足，他就会感觉"爽"。

满足需求是所有营销的共性，引领需求是营销高手之道。如果能够让直播推荐的产品超越"痛点"，创造"痒点"，满足"爽点"，那么通过直播营销打造"爆款"产品的概率就会大大增加。

对需要带货的产品，一定要提前做好功课，提炼其优势和关键词，具体可以从以下几个方面入手准备。

（1）品牌优势。分析产品品牌优势，尤其注意其在国际上、行业区域内的品牌价值。

（2）市场需求优势。分析市场需求优势，并据此进行相应的语言设计。

（3）生产技术优势。寻找产品的生产技术优势，如果使用了特别的技术，一定要将相关信息了解透彻，并将其作为重要卖点介绍。

（4）价格优势。直播间用户非常关注价格。主播在与品牌方进行洽谈时，一定要争取到最低折扣，让用户感到惊喜。

（5）产品自身的优势。产品自身的优势包括材质、获得的荣誉、实用性等。

（6）他山之石，可以攻玉。如果产品已经在市场上赢得了用户的信任，则应将相关案例进行整理，如京东、淘宝用户的评论等。

7.2.4 直播营销话术设计

1. 直播营销话术设计要点

话术设计是指根据用户的期望、需求、动机等，通过分析直播产品所针对的个人或群体的心理特征，运用有效的心理策略，组织高效且富有深度的语言。直播营销话术并不是单独存在的，与主播的表情、肢体语言、现场试验、道具使用等密切相关。因此，设计直播营销话术时要把握以下要点。

（1）话术要口语化，富有感染力。拥有高成交率的直播营销的重点是主播在介绍产品时的语言十分口语化，同时搭配丰富的肢体语言、面部表情等，使主播的整体表现具有很强的感染力，能够把用户带入主播描绘的场景中。

（2）灵活运用话术，表达要适度。很多新手主播经常把话术作为一种模板来套用，但需要注意的是，话术并不是一成不变的，要活学活用，凡事要掌握好度。设计话术时要避开争议性词语和敏感性话题，以文明、礼貌为前提，既要让表达的信息直击用户的内心，又要有利于营造融洽的直播间氛围。

（3）话术配合情绪表达。主播在直播中运用话术一定要注意配合相应的情绪、情感，面部表情要丰富，情感要真诚。直播就像一场表演，主播就是主演，演绎到位才能吸引并感染用户。

（4）语速、语调适中。在直播时，主播的语调要抑扬顿挫、富于变化，语速要确保用户能够听清讲话的内容。主播可以根据直播内容的不同灵活掌握语调、语速。

2. 直播营销常用话术

按照直播营销的一般流程，直播营销的常用话术包括以下几类。

（1）开播欢迎话术

开播欢迎话术的主要作用是，介绍直播产品的情况和优惠力度；制造直播稀缺感；引导用户互动留言，激发用户的参与感。

举例：

- 嗨，大家好！我是××，欢迎大家来到××直播间，今天的"6·18"活动，我为大家带来了×款超值产品，今天直播间的朋友们可以享受超低直播价。
- 嗨，大家好！欢迎来到直播间，今天晚上的直播有超多的惊喜等着你，产品都是超低价。机会难得，大家一定不要错过哦！
- 感谢大家在百忙中来看我的直播。大家今天晚上有没有特别想实现的愿望啊？大家可以在评论区分享哦，万一我一不小心就帮你实现了呢？

（2）引导关注话术

在引导关注环节，主播要强调福利和直播内容的价值，引导关注。

举例：

- 刚进直播间的朋友们，记得点左上角按钮关注主播哦！我们的直播间会不定期发放各种福利。
- 喜欢我们直播间的朋友，记得关注一下直播间哦，连续签到7天可以获得一张20元的优惠券。
- 想继续了解服装搭配技巧/美妆技巧的朋友们，可以关注一下主播哦！

（3）活跃气氛话术

主播在直播过程中可以通过强调优惠、强调价值、使用修辞手法等方法活跃直播间气氛。

举例：

- 这款翡翠手镯的市场价格是16800元，今晚直播间的朋友们只需7999元就能买到，可以送给妈妈、送给爱人，真的特别值！
- 21天，绝对让你的PPT制作水平上一个新台阶。
- 哇，好闪哦！钻石般闪耀的嘴唇！

（4）激发用户对产品产生兴趣的话术

主播在直播过程中可以通过提高产品的价值感、打破传统认知、构建产品的使用场景、强调产品的优点等激发用户对产品的兴趣。

举例：

- 买这个颜色的口红就是你驾驭口红，而不是口红驾驭你。
- 穿着白纱裙在海边漫步，享受温柔海风的吹拂，空气里仿佛充满夏日阳光的味道。
- 这款便携式榨汁机是我用过的榨汁机中很好的一款，它的外观设计和安全设计都非常好。今天我为大家争取到了7折的优惠价，买它绝对超值！

（5）引导用户下单话术

主播在直播过程中可以通过强调售后服务、与原价做对比、强调价格优惠、引导查看产品链接、引导加入购物车等方式引导用户下单。

举例：

- 直播间的产品都支持7天无理由退货，购买后如果对产品不满意，可以退货，大家放心购买。
- 这款产品的原价是×元，为了回馈大家的厚爱，现在只要×元，喜欢这款产品的朋友请不要再犹豫了。

（6）下播话术

主播在下播时可以表示感谢、引导关注、引导转发、强调直播间的价值观、进行产品预告等。

举例：

- 谢谢大家，希望大家都在我的直播间买到了称心的产品。点击关注按钮，明天我们继续哦！
- 我的直播间给大家选择的都是性价比很高的产品。直播间里的所有产品都是经过我们团队严格筛选的，请大家放心购买。好了，今天的直播就到这里了，明天再见。

7.2.5　直播设备

主播可以根据经济条件、直播经验，准备不同的直播设备。

新手主播可以采用快速上手版直播设备，主要包括直播支架和手机（见图7-2）。使用直播支架可以避免画面晃动。

稍有经验、有一定粉丝的主播可以选择增加简易版直播设备，主要包括美光灯和补光灯（见图7-3）。美光灯具备多色彩柔光效果，能够让主播的皮肤看起来更柔嫩，视觉效果更好。同时在摄像头前配备补光灯，能够保证主播的脸上没有大面积的阴影。

直播经验丰富、粉丝数较多的主播应该选择增加高配版直播设备。这些设备主要包括背景板、声卡、话筒、微信二维码或胸牌。背景板置于背后，上面可以有主播的卡通形象、带货品牌Logo等。主播配备较为专业的声卡和话筒（见图7-4），可以保证直播声音清晰，同时可以直接发送各种声音特效。

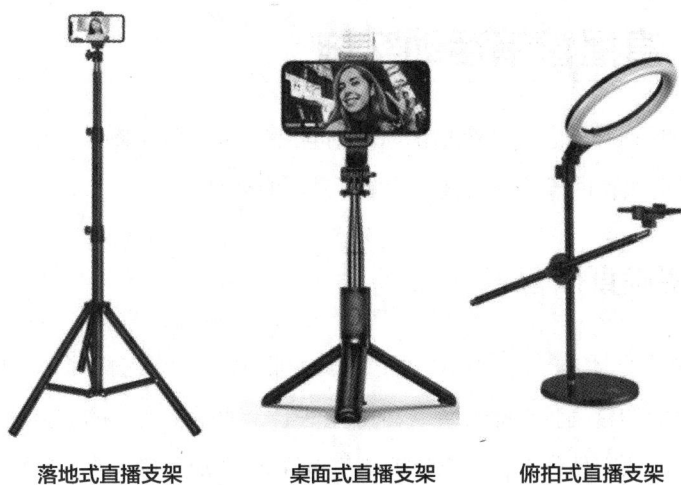

落地式直播支架　　　　　桌面式直播支架　　　　俯拍式直播支架

图7-2　直播支架和手机

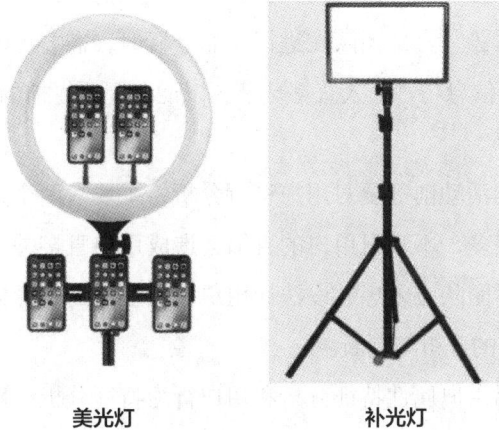

美光灯　　　　　　　　　　　　补光灯

图7-3　美光灯和补光灯

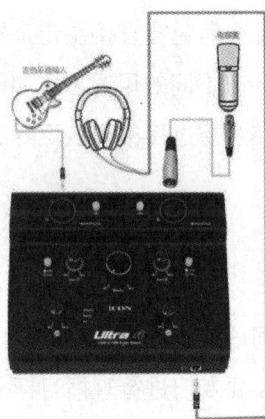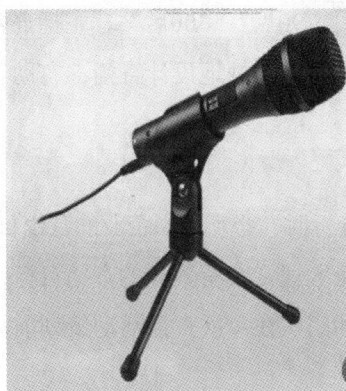

专业声卡　　　　　　　　动圈话筒　　　　　　　　电容话筒

图7-4　专业声卡和话筒等设备

7.3 直播营销活动实施

在直播营销活动开始之前，直播团队要对直播营销活动的整体流程进行规划和设计，以保障直播营销活动顺利进行，确保直播营销活动的有效性。

7.3.1 明确直播营销目标

对企业来说，直播是一种营销手段，因此直播时不能只有简简单单的才艺表演或话题分享，要围绕企业的营销目标来开展，否则无法给企业带来实际的效益。

直播团队可以从产品分析、用户分析、营销目标3个层面确定直播目标。

1. 产品分析

直播团队通过产品分析明确产品的优势和劣势，从而宣传产品的优势，并尽量避免在直播过程中暴露产品的劣势。直播团队在进行产品分析时，需要提炼产品的关键词与亮点。在直播策划时，要将产品信息巧妙植入直播环节，以便向观看直播的用户传达。

2. 用户分析

企业开展直播营销活动前需要对用户进行分析，主要有两个方面的原因。一方面，各个平台上的直播选择都很多，不吸引用户的直播会造成用户直接关闭直播窗口。另一方面，为了达到营销目的，直播团队必须想方设法让用户按照主播的引导去下单或分享，而巧妙的引导来自直播团队对用户的分析与判断。

用户分析主要包括用户属性特征分析和用户行为特征分析。用户属性特征指的是用户的标签，比如性别、年龄、收入状况、学历、婚姻状况等。用户行为特征指的是直播场景下用户的行为特征。直播团队需要列出用户在观看直播过程中可能会涉及的一系列动作，因为用户的每一个动作都会影响最终的营销效果。除此之外，用户的社会角色会直接决定直播的语言风格，针对"70后""80后""90后""00后"，主播通常会有不同的用词习惯和语言风格。直播团队有效地分析用户并有针对性地设计直播，有助于在直播过程中采取更好的沟通策略，从而达到期望的效果。

3. 营销目标

直播团队在进行直播目标分析时，必须考虑企业的营销目标。

在同一直播平台，不同的企业通常会有不同的营销目标，同一家企业在不同的阶段也会有不同的营销目标。因此，直播团队在每次直播活动策划前都需要专门进行直播目标分析，尤其要考虑企业的营销目标。

直播团队在梳理企业营销目标时，要尽可能科学、规范、明确。此时可以运用SMART原则：营销目标要具体（Specific），营销目标是可衡量的（Measurable），营销目标是可以实现的（Attainable），营销目标与企业的其他目标是相关联的（Relevant），营销团队要注意完成目标的时限（Time-bound）。直播开始前，直播团队需要运用SMART原则将企业营销目标准确地提炼出来，这样才能达到较好的直播效果。

7.3.2　制定直播方案

开展直播营销要有完整的营销思路，但仅靠思路是无法实现营销目标的。直播团队需要将抽象的思路转换成具体的文字表达，并将其用方案的形式呈现出来，同时传达给参与直播的所有人员，以保证直播的顺利进行。

直播方案一般用于直播团队的内部沟通，目的是让参与直播的人员熟悉直播的流程和分工。直播方案要简明扼要、主题明确。通常来说，完整的直播方案包含5个部分的内容。

（1）直播目标。明确直播需要实现的目标、期望吸引的用户人数等。

（2）直播简介。对直播的整体思路进行简要的描述，包括直播的形式、直播平台、直播特点、直播主题等。

（3）人员分工。对直播团队中的人员进行分组，明确各人员的职责。

（4）时间节点。明确直播中的各个时间节点，包括直播前期筹备的时间点、宣传预热的时间点、直播开始的时间点、直播结束的时间点等。

（5）预算。说明整场直播的预算情况，包括直播中各个环节的预算，以合理控制和协调预算。

7.3.3　做好直播宣传规划

为了达到良好的营销效果，在直播开始前，直播团队要对直播进行宣传。与娱乐性直播不同，带有营销性质的直播追求的并不是简单的在线观看人数，而是目标用户在线观看人数。因此，直播宣传要有针对性，尽可能多地吸引目标用户来观看。具体来说，直播团队在做直播宣传时，可以从以下3个方面入手。

1. 选择合适的宣传平台

不同的用户喜欢在不同的平台浏览信息，直播营销团队需要分析目标用户的上网行为习惯，选择在目标用户经常出现或活跃的平台发布直播宣传信息，为直播尽可能多地吸引目标用户。

2. 选择合适的宣传形式

直播团队要根据目标用户经常出现或活跃的平台的属性选择合适的宣传形式。例如在新媒体写作平台，直播团队可以选择以图片加文字的形式宣传；在短视频平台，直播团队可以通过短视频宣传；在综合性新媒体平台，直播团队可以选择以文字加短视频的形式宣传。

3. 选择合适的宣传频率

在新媒体时代，用户在浏览信息时，自主选择的余地较大，可以根据自己的喜好来选择自己需要的信息。因此，如果直播团队过于频繁地向用户发送直播宣传信息，很可能会引起目标用户的反感，导致其屏蔽相关信息。为了避免出现这种情况，直播团队可以在用户能够接受的最大宣传频率的基础上设计多轮宣传。

7.3.4 筹备直播所需硬件

为了确保直播顺利进行，在开始直播前，直播团队需要筹备必要的硬件。这些硬件包括直播场地、直播设备、直播辅助设备等。

1. 直播场地

直播场地分为室外场地和室内场地。常见的室外场地有公园、广场、景区、游乐场、产品生产基地等。常见的室内场地有店铺、办公室、咖啡馆等。直播团队要根据直播的需要，选择合适的直播场地；选定场地后，要对场地进行适当的布置，为直播创造良好的环境。

2. 直播设备

在直播筹备阶段，直播团队要将直播要用到的手机、摄像头、灯光等调试好，防止发生设备故障，影响直播的顺利进行。

3. 直播辅助设备

直播辅助设备包括直播产品、直播宣传物料、直播中需要用到的道具等。产品作为直播的主角，在直播开始前就应当准备好，以便在直播过程中主播能够快速地找到并进行展示。直播宣传物料包括直播宣传海报、直播宣传贴纸等各种能够在直播镜头前出现的物料。道具包括产品照片、主播展示时用到的工具等。巧妙使用道具能够使主播更好地展示产品，让用户理解直播内容和产品特性。

7.3.5 直播营销活动的执行

做好一系列筹备工作后，接下来就可以正式执行直播营销活动了。直播营销活动的执行可以进一步拆解为直播开场、直播过程和直播收尾3个环节。

（1）直播开场。主播通过开场互动让用户了解本场直播的主题、内容等，使用户对本场直播产生兴趣，并留在直播间。

（2）直播过程。在直播过程中，主播借助营销话术、发红包、发优惠券、才艺表演等方式，进一步加深用户对本场直播的兴趣，让用户长时间留在直播间，并产生购买行为。

（3）直播收尾。在直播收尾阶段，主播要向用户表示感谢，并预告下场直播的内容，引导用户关注直播间，将普通用户转化为直播间的忠实粉丝，并引导用户在其他媒体平台上分享本场直播或本场直播推荐的产品。

7.3.6 做好直播的二次传播

直播结束并不意味着整个直播工作的结束。在直播结束后，直播团队可以将直播视频进行二次加工，并在抖音、快手、微信、微博等平台上进行二次传播，最大限度地放大直播效果。

二次传播需要明确传播目标。二次传播的目标需要与企业制定的整体市场营销目标相匹配。明确了传播目标以后，直播团队可以选择适当的传播形式将相关信息发布到网络上。

直播结束后，通过视频的形式分享直播的现场情况，是直播二次传播的有效方式之一。直播团队可以将直播画面全程录制下来，这样错过直播的用户可以通过观看直播回放视频来获取直播内容。直播团队也可以只留取直播中的精华，并加上旁白或者解说，将其制作成直播画面浓缩摘要视频进行二次传播。

7.3.7 做好直播复盘

在直播营销中，复盘就是直播团队在直播结束后，对本次直播进行回顾，评判直播营销的效果，总结直播的经验、教训，为后续直播提供参考。

直播复盘包括直播间数据分析和直播经验总结两部分。直播间数据分析主要是利用直播中形成的客观数据对直播进行复盘，体现的是直播的客观效果。直播经验总结主要是从主观层面对直播过程进行分析与总结，分析的内容包括直播流程设计、团队协作效率、主播现场表现等。直播团队通过自我总结、团队讨论等方式，对这些无法通过客观数据表现的内容进行分析，并对其进行整理，为后续开展直播提供有效的参考。

7.4 课堂实训

7.4.1 直播案例分析

1. 实训要求

在某一短视频平台锁定一场直播，从营销目标、产品优势提炼和营销话术3个方面分析该场直播。

2. 实训步骤

（1）分析该场直播的营销目标。

（2）分析该场直播的产品优势并提炼。

（3）分析该场直播的营销话术并举例说明。

7.4.2 开展一场直播

1. 实训要求

组建团队，以"00后"用户为目标用户，选择并注册适合的直播平台。确定直播主题，完成直播的策划和实施。

2. 实训步骤

（1）编写岗位说明书，包括岗位职责、工作内容、任职要求等。

（2）分析"00后"用户的心理与行为特征，选择合适的直播平台。

（3）完成选品并撰写直播方案。

（4）完成直播。

（5）针对该场直播进行复盘。

课后习题

一、单项选择题

1. 微博的直播战略合作伙伴是（   ）。

A. 花椒直播　　　　　　　　　　　B. 映客直播

C. 虎牙直播　　　　　　　　　　　D. 一直播

2. 低配版直播团队在初期的直播时长最好为（   ）。

A. 1小时左右　　　　　　　　　　B. 2小时左右

C. 3小时左右　　　　　　　　　　D. 4小时左右

3. 为了让人设"立得住"，直播团队需要通过（   ）积极渲染主播人设。

A. 策划一系列故事　　　　　　　　B. 在直播间讲故事

C. 打造自媒体的传播矩阵　　　　　D. 以上全选

二、多项选择题

1. 直播拥有的（   ）特点决定了直播营销的价值。

A. 流量　　　　　　　　　　　　　B. 社交属性

C. 媒体属性　　　　　　　　　　　D. 内容展现的场景化和互动

2. 在一场直播营销中，主播的考评依据包括（　　　）。

A. 是否充分了解用户需求

B. 能否根据用户的需求选出好物

C. 能否跟供应商谈成低价和争取足够有吸引力的福利

D. 能否通过直观的讲解减少用户的消费决策成本及节省用户的选购时间

3. 对主播人设的宣传，不要局限在直播间，可以利用与直播间相关联的（　　　）对主播进行人设的包装和造势。

A. 微信　　　　　　B. 微博　　　　　　C. 抖音　　　　　　D. 快手

4. 直播开播前的准备工作检查中，对产品的了解度是指（　　　）。

A. 主播及助理是否已熟记本场直播的产品名称

B. 主播及助理是否已了解每个产品的核心卖点

C. 主播及助理是否使用直播的产品

D. 主播及助理是否喜欢直播的产品

三、判断题

1. 直播营销方式中的"人"有两个元素：粉丝和主播。　　　　　　　　　　（　　　）

2. 粉丝数在500万以上的可称为头部主播。　　　　　　　　　　　　　　（　　　）

3. 直播方案正文需要对直播的整体思路进行简要描述，包括直播目标、直播平台、直播时间、直播主题、直播亮点等。　　　　　　　　　　　　　　　　　　　（　　　）

4. 拥有一定粉丝量的直播团队一般通过定期的高频率直播来提升主播和直播间的影响力。　　　　　　　　　　　　　　　　　　　　　　　　　　　　　　（　　　）

5. 开场是直播的重要环节，一个良好的开场是展示主播风格、吸引用户的关键。

（　　　）

6. 直播的结束是直播的终点。　　　　　　　　　　　　　　　　　　　　（　　　）

四、简答题

1. 直播营销中，淘宝、京东和拼多多的主要用户有什么不同？

2. 直播营销的核心岗位有哪些？各个岗位的职责是什么？

3. 直播营销的工作流程有哪些？

项目 8 新媒体营销数据分析技能

● 学习目标

- 了解新媒体营销数据分析的内容和作用
- 掌握常用的新媒体营销数据分析工具的使用方法
- 熟悉新媒体营销数据分析的实施步骤
- 掌握新媒体营销数据分析的方法
- 能够利用新媒体营销数据分析工具完成数据分析任务
- 能够按步骤完成新媒体营销数据分析的相关工作
- 培养新媒体营销从业人员的职业道德和法律意识
- 培养并践行社会主义核心价值观

● 知识结构图

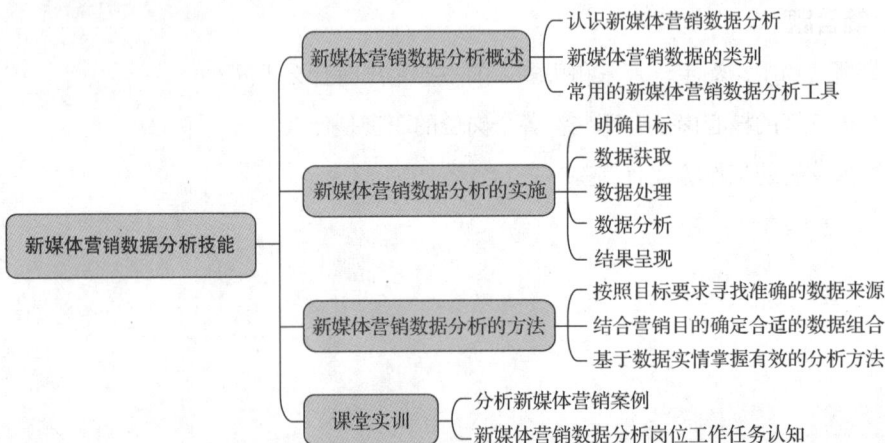

案例导入

中国移动的数据化运营

近年来，中国移动通过大数据分析，对企业运营的全业务进行了针对性的监控、预警和跟踪。通过大数据技术，中国移动在第一时间自动捕捉市场变化，再以最快捷的方式将其推送给指定负责人，使其能够在最短时间内获知市场行情。中国移动的数据化运营主要应用于以下方面。

用户流失预警方面：一位用户使用最新款的手机，每月准时缴费，平均一年致电客服3次，使用多项相关业务。如果按照传统的数据分析，这可能是一位满意度非常高、流失概率非常低的用户。但事实上，在收集了来自微博、微信等社交媒体的用户数据之后，这位用户的真实情况可能是，他在国外购买了这款手机，手机中的部分功能在国内无法使用，在某个固定地点手机经常断线，也就是说他的使用体验极差，存在极大的流失可能性。为了避免类似的情况，中国移动将此作为大数据分析的应用场景，通过全面获取业务信息，打破传统数据源的边界，注重社交媒体等新型数据来源，通过各种渠道获取尽可能多的用户反馈信息，并从这些数据中挖掘更多的价值。

数据增值应用方面：对中国移动来说，其处在一个数据交换中心的地位，在掌握用户行为数据方面具有先天的优势。因此，中国移动基于此便利条件，在政府服务、交通、应对突发灾害等工作中使大数据技术发挥出更大的作用，由此也获得了巨大的增值业务市场发展前景。

作为信息技术的又一次变革，大数据的出现给技术进步和社会发展带来全新的方向，而谁掌握了这一方向，谁就可能更成功。

案例思考：

数字经济时代，用户的行为可以被一系列的数据信息所囊括。结合以上案例信息，总结中国移动在利用数据信息进行用户行为分析时，表现出了哪些过人之处，他们是如何实现公司的数据化运营的。

案例启示：

中国移动拥有庞大的用户数据库资源，其利用用户信息等进行数据挖掘时，可以获得用户的活动区域、社交圈、消费行为习惯等信息，从而为公司运营策略的制定提供有力的支撑。但运营策略的制定不是只基于表面的现象分析或片面的数据推理就能够做好的。数字经济时代，只有基于广泛而全面的数据挖掘，以及深层次的数据透视，才能够形成有效的分析结果，才有助于对用户进行市场再细分，完成用户的标签设定，以实现精准的营销。

8.1 新媒体营销数据分析概述

新媒体平台的发展在改变人的思维习惯和行为习惯的同时也丰富了商业营销模式，并改变了大众的消费思维。新媒体平台凭借其特性，在产、销精准定位的基础上，通过多样化的信息传播方式和营销手段，实现了产品价值的成倍化放大。而这里所提到的特性，主要是指新媒体平台在数据分析方面所具有的独特优势。

8.1.1 认识新媒体营销数据分析

新媒体营销数据分析涉及多项不同的工作内容，其对于做好用户运营具有积极的推动作用。做好新媒体营销数据分析工作，需要对相关基础知识具有初步的认知。

1. 新媒体营销数据分析的内容

从宏观层面来讲，数据被定义为实验、测量、观察、调查的观测值或结果，包含定性数据和定量数据。具体到商业层面的数据，主要是指某一产业价值链上各个环节的历史信息和即时信息的集合，如企业内部数据、分销渠道数据、消费市场数据等，而新媒体营销数据分析主要研究的是商业数据的范畴。

新媒体营销数据分析主要是指利用多样的数据抓取工具，采用适当的统计分析方法，对收集来的数据进行汇总整理和处理分析，并将其转化为容易被人们消化和理解的可视化资料，以从中提取有用的信息，从而为企业的经营管理工作提供强有力的战略战术支持的过程。

2. 新媒体营销数据分析的作用

新媒体营销数据分析具有重要的作用。首先是能够客观地反映真实情况。由于数据分析是以实事求是为前提来对所获取的数据进行处理和分析的，因此数据分析结果是对客观事实的集中和正确的反映。其次是能够监督企业的运营情况。对有关数据进行处理，可以更准确地把握企业当前的整体运营情况，也可以对企业相关部门的计划或决策的执行进行监督。最后是能够依据数据进行科学化的管理。通过对各运营数据的分析，可以更好地从量化的角度来分析和研究问题，从而让企业领导者和决策者可以更全面地了解企业的过去、现在与未来，并能够以数据为基础对企业进行科学化的管理。

8.1.2 新媒体营销数据的类别

进行新媒体数据分析必须要对数据的类别进行了解。常见的新媒体营销数据主要有数值型数据和图文型数据两种。

1. 数值型数据

数值型数据是指由多个单独的数字组成的组合数据，是直接使用自然数或度量单位进行记录的具体数值。新媒体营销过程中常见的数值型数据包括阅读数据、粉丝数据、网店销售数据、网站浏览数据、活动参与数据等。对数值型数据可以进行数据处理及统计分析，并能够通过图表等多种方式进行可视化表达，以总结并评估新媒体运营的过程及营销效果。

2. 图文型数据

图文型数据是指由文字或图片等形式构成的数据信息。图文型数据主要通过问卷调查、结构化比较、分析汇总等形式获得，其研究目的不是获得评估量化的数据结果，而是反映事物类别或属性特征，以帮助确定运营方向。常见的图文型数据包括网站栏目分类、账号粉丝分类、消费者满意度等级、多平台矩阵分布等。

▌8.1.3　常用的新媒体营销数据分析工具

在进行新媒体营销数据分析时，通常需要借助一系列数据分析工具以有效提升数据分析的工作效率。常用的新媒体营销数据分析工具主要有网站分析工具、自媒体分析工具、第三方分析工具及本地工具等。

1. 网站分析工具

网站分析工具是一种相对专业的新媒体营销数据分析工具，使用者需要具备一定的统计代码获取能力。常见的网站分析工具主要有百度统计、CNZZ统计、Google Analytics、Tableau、站长工具、Adobe Analtyics、360分析、爱站网等。网站分析工具的主要功能表现为对目标网站进行访问数据统计、趋势分析、来源分析、页面分析、访客分析和转化分析，为使用者提供数据支持。这些分析工具不仅可以帮助使用者衡量销售与转化情况，还能为使用者提供更为深入的信息，以帮助使用者了解访客是如何使用自己的网站并不断回访网站的。

2. 自媒体分析工具

新媒体平台中包含多种自媒体，而大部分自媒体通常都拥有与其相匹配的数据分析工具，这类数据分析工具的使用难度相对较低，使用者无须掌握分析函数或统计代码，需要的大部分数据均可一键生成。利用这些自媒体分析工具，运营者可以直观地看到用户增长、后台互动等数据，方便而简单。常见的自媒体分析工具及其统计分析功能如表8-1所示。

3. 第三方分析工具

第三方分析工具是指非官方平台自带的、需要官方平台授权才可以使用的数据分析工具。第三方分析工具与自媒体分析工具的主要区别在于前期的注册与授权不同。第三方分析工具一旦授权完毕，后续操作与自媒体分析工具类似，直接通过网站即可查看。

表8-1　常见的自媒体分析工具及其统计分析功能

平台	统计分析功能
微信公众号	用户分析、图文分析、菜单分析、消息分析、接口分析、网页分析
今日头条	文章分析、头条号指数、粉丝分析、热词分析
微博	粉丝分析、内容分析、互动分析、相关账号分析、文章分析、视频分析
大鱼号	文章分析、视频分析、用户分析、大鱼星级
百家号	文章分析、百家号指数、粉丝分析
一点号	文章分析、一点号指数、订阅用户分析、阅读用户分析
搜狐号	总体数据统计、单篇数据统计
网易号	订阅数据统计、内容数据统计、网易号指数统计

　　虽然微博、微信等自媒体平台已经具有统计功能，但是如果想要得到更为精细化的数据，如单条微博转发效果、微博粉丝管理、微信公众号数据跟踪等，依然需要借助第三方分析工具。常见的第三方分析工具主要有新榜数据、友盟+、西瓜助手、孔明社会化媒体管理平台、考拉新媒体助手等。

4．本地工具

　　除利用以上可以直接获取数据的工具外，还可以借助一些本地工具，如Excel、SPSS等办公软件或数据统计软件来进行数据分析。当然，使用本地软件进行数据分析前需要先获取基础数据。基础数据的获取可以通过人工统计和后台导出两种方式实现。人工统计的数据包括文章发布数量、后台评论类别、同行口碑分析、行业标杆拆解等。由于自媒体分析工具及第三方分析工具都不具备这类数据的抓取、统计功能，因此需要新媒体运营者手动统计后再利用Excel进行分类汇总与分析。通常，大部分自媒体平台都具有后台数据导出功能。如果自媒体分析工具或第三方分析工具无法满足新媒体运营者个性化的数据分析需求，此时就可以利用Excel对导出的后台数据进行个性化的处理和分析。

8.2　新媒体营销数据分析的实施

　　新媒体营销数据分析工作必须有目的、有方法地开展，否则难以取得理想的效果。一般情况下，新媒体营销数据分析工作的实施主要包含明确目标、数据获取、数据处理、数据分析和结果呈现等5个步骤。

8.2.1　明确目标

　　从宏观层面来讲，新媒体营销数据分析是为了制订更加科学合理的产销计划、实现产品的精准营销，以及得到真实的市场反馈。但目标的设定如果太过泛泛，就会引起无目标的数据分析，从而降低数据分析的有效性。因此，开展数据分析的首要工作就是在数据分析需求中提炼出需要解决的具体问题，并找到解决问题的关键点，以明确分析目标。例如，针对"为什么公众号最近的粉丝情况不好"这一问题，就需要进一步明确要解决的问题究竟是近期公众号粉丝增长缓慢还是近期公众号"掉粉"情况严重，然后才可以找到问题的关键点是公众号推广没有做好，还是用户关系维护没有做好，最后才能够有针对性地确定把公众号推广和用户关系维护中的哪一环节当作数据分析的具体目标。

8.2.2 数据获取

明确目标后，要有针对性地获取数据。不同的目标对数据的需求有所不同。因此，要在数据获取环节将实现目标所对应的全部数据项目进行罗列，并选择合适的数据获取工具及途径进行数据挖掘。通常，数据获取工作可以通过后台数据获取、第三方数据获取及手动统计获取等途径来进行。如果需要分析的数据已经在媒体平台后台，则无须花费时间进行统计与挖掘，直接在后台复制或下载即可，如微信公众号用户数、微博阅读数、天猫店铺销售数据等均可直接获取；如果新媒体平台的后台无法对某项数据进行统计，则可以在获得授权后，借助第三方工具进行数据的获取，随后直接下载由第三方工具所得到的数据，如网站点击数据、网站跳出数据、访问来源数据等；而对于无法从新媒体平台的后台或第三方数据分析工具直接获取的个性化数据，则需要进行手动统计或进行进一步的功能开发。

8.2.3 数据处理

通过数据挖掘所得到的数据通常都属于原始数据，这些数据不能直接使用，必须经过相应的处理才能得到可被分析的有用数据。数据处理一般包括数据修正、数据合并和数据组合3个部分。在原始数据中，无论是从网站后台下载的数据还是人工统计的数据，都有可能出现一些问题。因此，需要对这些数据进行观察和对比。对无意义的字符、与目标不相关的数据，以及一些明显的错误数据，可以通过数据修正直接进行剔除或增补，以防止其干扰其他数据，否则就会增加分析难度。对于与原始数据中相近的数据，则需要进行数据合并。例如，在分析今日头条阅读数据时，就要将站内阅读数与站外阅读数进行合并处理。数据合并其实也是对数据进行二次加工，在加工时也可以使用一些本地工具来辅助完成相应的工作。原始数据通常只代表单一属性或只是过程数据，如"用户年龄""转发量""销售额"等相互独立的数据通常很难直接看出规律，往往还需要借助公式或其他途径来进行数据求和、平均数计算、比例计算等操作，以得到更适合分析的数据。

8.2.4　数据分析

原始数据经过处理后就可以用来进行相应的数据分析工作了。常见的新媒体营销数据分析主要包括流量分析、销售分析、内容分析及执行分析。流量分析即对网站、网店流量等进行的分析，通过对访问量、访问时间、跳出量、跳出率等流量数据进行分析，以评估网站、网店等流量主体的运营情况。销售分析即对新媒体营销活动产生的下单数量、支付比例、二次购买比例等进行分析，以寻找当前销售活动存在的问题。需要强调的是，销售分析不应局限于网上消费，消费者通过线上预定，然后在线下进行的消费同样属于销售分析的范畴。内容分析即对新媒体内容平台的发布情况的分析，包括对微信公众号阅读量、微博头条转发量、今日头条文章推荐量等进行的分析。借助内容分析可以有效地对文章标题、文章内容等进行评估。执行分析即通过有关数据对新媒体运营者的日常执行工作进行分析，如对客服响应效率、软文发布频率等进行的分析。具体的数据分析方法将在下一节进行详细介绍。

行业动态

众趣的行为辩析

目前国内主要的社交开放平台在用户数据的开放性方面仍比较保守，而众趣是国内第一家社交媒体数据管理平台。身为第三方数据分析公司，众趣能够获得的用户数据还十分有限，要使用这些用户数据需获得用户许可。

众趣通过运营统计学等相关数据分析原理对用户数据进行过滤，最终完成的是一个对用户的行为、动作等个体特征的描述。这些描述可以帮助新媒体运营者了解消费者的消费习惯及需求，也可以帮助企业的领导者增强对自己员工的了解。除了对个体及群体行为特征的描述，这些数据分析结果还可用于对用户群体的行为进行预测，从而为新媒体运营者提供一些前瞻性的市场分析。

8.2.5　结果呈现

完成数据分析后，需要将数据分析结果进行总结及可视化呈现。通常，在数据分析完成后，需要以数据分析报告的形式使数据分析结果易于理解与留存，这样一方面便于内部沟通，另一方面也便于相关人员对分析结果和市场规律进行掌握与应用。数据分析结果可以以分析报告的形式来呈现。撰写分析报告时要结合数据分析的目标，选择合适的报告类型来进行，可以按照"问题表述—研究思路—研究过程—数据解读—分析建议"的结构，充分利用有关数据，通过文字、图、表等形式，针对目标问题进行逐层分析，并利用分析结果进行趋势预测、效果评估或规律呈现，同时还要在报告中给出明确的建议。

8.3 新媒体营销数据分析的方法

掌握科学的方法，有助于新媒体营销数据分析工作的顺利、高效开展。

8.3.1 按照目标要求寻找准确的数据来源

新媒体平台种类繁多，既有新兴的线上平台，也有传统的线下平台。开展新媒体营销数据分析工作，首要任务是按照新媒体营销数据分析的目标要求寻找准确的数据来源。对于传统媒体平台，可以以一些统计、调研机构的报告内容或者新媒体运营者自行开展的调研活动的调研数据作为主要的数据来源。而新媒体平台相对复杂，可获取数据的渠道也比较多，因此根据目标要求寻找准确的数据来源尤为重要。下面将重点介绍微信朋友圈数据、微信公众号数据、微博数据、今日头条数据及网站数据等数据来源。

1. 微信朋友圈数据

通常情况下，以微信个人号作为主要推广平台的新媒体营销团队经常会以"社群运营+朋友圈运营"的方式进行品牌宣传或产品推广，因此微信朋友圈数据分析尤为重要。其中需要分析的数据主要有好友增长数量、朋友圈点赞数量、朋友圈购买数量、导购文案转化率等。

2. 微信公众号数据

微信公众号数据对于微信公众号的运营有极强的指导意义。例如，通过变换内容风格并分析阅读数据，新媒体运营者可以了解粉丝的阅读喜好情况；通过分析后台粉丝数量的增减情况，新媒体运营者可以分析推广的有效性。微信公众号数据主要包括新增关注数、取消关注数、新增粉丝来源、单篇图文阅读量、全部图文阅读量、微信菜单点击数等。

3. 微博数据

无论是企业还是个人，都可以在微博后台查阅微博数据。新媒体运营者可以在网页端登录微博，单击"管理中心"并进入"数据助手"来了解微博数据。常用的微博数据包括阅读数、主页浏览量、视频播放量、粉丝来源、新增粉丝数和取消关注粉丝数等。

4. 今日头条数据

今日头条的后台具有强大的数据统计功能。新媒体运营者可以借助今日头条数据对标题效果、内容、推荐、阅读、评论等情况进行系统分析。

5. 网站数据

网站是新媒体平台重要的发源地，其运营同样会对企业的营销效果产生不小的影响。网站数据通常包括网站流量、跳出率、搜索来源、来路页面和访问深度等。

行业动态

淘宝网的数据分析专家——生意参谋

生意参谋诞生于2011年，在2013年10月，生意参谋正式走进"淘系"。2014—2015年，在原有规划的基础上，生意参谋分别整合量子恒道、数据魔方，最终升级为阿里巴巴商家端统一数据产品平台。2016年，生意参谋累计服务商家超2000万家，月服务商家超500万家；淘宝月成交额30万元以上的商家中，逾90%在使用生意参谋；月成交金额100万元以上的商家中，逾90%每月登录生意参谋20次以上。

2020年"双十一"期间，生意参谋手机版新推出了智能巡店服务，商家利用该功能可以在预售期的蓄水过程中实时关注店铺经营状态变化，及时定位产生影响的关键问题点并加以解决。"双十一"当天，生意参谋还特别推出结合店铺去年同期表现及近期经营状态变化的"实时销量预测"服务，以小时为单位进行实时预测更新，为店铺备货、营销等多维动作提供数据参考；同时，生意参谋还联合Quick BI，通过"自助分析"，面向店铺提供自助分析解决方案，支持店铺个性化数据报表制作，并支持长周期的数据存储和分析，形成店铺专属的数据监控和分析看板，以帮助店铺提升经营效率。

8.3.2 结合营销目的确定合适的数据组合

新媒体营销过程中，为了实现营销目标，运营者有可能会组合使用多个新媒体平台。此时，若要进行数据分析，就需要选择合适的数据组合。另外，即使只使用了单一平台，为了实现某种营销目标，有时也需要用数据组合来进行多维度的评判。所以，开展新媒体营销数据分析还需要结合营销目标来确定合适的数据组合。通常，企业开展新媒体营销的目标主要集中在提升销量、提升品牌美誉度、提升品牌知名度和提升品牌忠诚度4个方面。不同的营销目标需要挖掘、分析的数据不同，因此就需要根据不同的营销目标来进行相应的营销数据组合设计，以便后续数据分析与总结的顺利进行。

1. 提升销量

当前，大部分企业的新媒体营销数据除来自线下传统平台外，还来自淘宝、天猫、京东、微店、独立网站等众多新媒体平台。因此，为了准确地评估销售计划或分析销售结果，就必须围绕用户的消费行为数据进行逐层分析。此时需要分析的数据包括页面浏览量、用户访问时长、用户浏览页面数、店铺转化率等。

2. 提升品牌美誉度

品牌美誉度主要代表用户对企业进行的友好评价，好评越多或评价内容质量越高，品牌美誉度就越高。因此，为了达到提升品牌美誉度的效果，就需要围绕口碑来选取组合数据，需要分析的数据主要有百度口碑、大众点评星级、网店评价等。

3. 提升品牌知名度

品牌知名度也是用户对产品关注程度的集中体现。随着网络的日益普及，品牌知名度的高低与品牌在网络上"名气"大小的关联程度越来越高。对品牌有所了解的网民越多，关注企业微信公众号的人越多，阅读企业推送文章的人越多，就代表企业知名度越高。因此，在借助数据分析来评估品牌知名度并提升效果时，就需要对微博粉丝数、微信公众号粉丝数、今日头条粉丝数、文章订阅数等数据进行挖掘与分析。

4. 提升品牌忠诚度

品牌忠诚度是基于用户长期反复地购买、使用某品牌产品，进而对该品牌产生一定的信任乃至情感依赖而形成的。依据传统营销渠道所形成的品牌忠诚度，可以通过对用户的购买习惯来进行分析评判。而对于利用新媒体平台开展的营销活动，在评估用户对品牌的忠诚度时，需要统计并分析的数据主要包括二次购买的用户数、主动转发的用户数、老用户访问比例、主动打赏的用户数、留言频率高的用户数等。

8.3.3 基于数据实情掌握有效的分析方法

开展新媒体营销数据分析工作时，有多种类型的工具可以使用，也有众多的方法可以选择，在实际工作中要基于所获取数据的实际情况，用有效的方法来对数据进行分析。常用的数据分析方法主要有以下几种。

1. 直接评判法

直接评判法是指根据经验直接对数据予以评判，常用于对内部过往运营状况的评估，如评估近期阅读量是否过低、近期销量是否异常、当日文章推送量是否正常等。使用直接评判法要具备两个条件：一是运营者有一定的新媒体运营经验，能够对跳出率、阅读量等进行正确的评估；二是经过加工处理的数据足够直观，可以直接反映某项数据的优劣。

2. 对比分析法

对比分析法是指对两个或两个以上的数据进行对比，分析差异，进而揭示这些数据所代表的规律。对比包括横向对比和纵向对比两种类型。横向对比即同一时间条件下不同总体指标的对比，如今日头条同领域作者文章阅读量对比、粉丝数对比等；纵向对比即不同时间条件下同一总体指标的对比，如本月文章阅读量与上月文章阅读量进行对比、本月粉丝增长数与上月粉丝增长数进行对比等。通过对比分析，一方面能够找到当前的优势，以便之后继续保持；另一方面能够及时发现当前的薄弱环节，并予以重点改善。

3. 分组分析法

分组分析法是指通过一定的指标，将统计对象分组并进行计算分析，以便深入了解分析对象的不同特征、性质及相互关系的方法。分组分析法需遵循相互独立、完全穷尽的原则。所谓相互独立，即组别之间不能有交叉，组别之间应具有明显的差异，每个数据只能归属于某一组；完全穷尽，即分组时不要遗漏任何数据，要保证完整性，各组的空间应足以容纳总体的所有数据。

4. 结构分析法

结构分析法是指在统计分组的基础上，将组内数据与总体数据进行对比分析的方法。例如，新媒体运营团队可以统计某媒体平台粉丝所在的地域分布情况，并计算出各地粉丝的占比情况。

5. 回归分析法

回归分析法是指利用数据统计原理，对大量新媒体运营数据进行数学处理，从而通过研究事物发展变化的因果关系来预测事物未来发展走势的一种定量预测方法。使用回归分析法时，可以借助Excel的数据分析功能或折线图来进行，以便对未来的发展趋势做出科学的预测和判断。

8.4 课堂实训

8.4.1 分析新媒体营销案例

今日头条是国内一家发展态势良好的新闻客户端。截至2020年初，今日头条月活跃用户规模达3.6亿人。头条号账号总数已超过180万，平均每天发布60万条内容，日活跃用户数已超过千万。今日头条主要有开屏广告、信息流广告和详情页广告3种广告营销方式，但从目前的相关统计来看，其中信息流广告是用户接受度最高的广告。

信息流不仅能够抓住用户需求点投放广告，还更容易被用户接受，不易使用户反感，转化率高。

今日头条信息流广告有行业领先的个性化机器推荐算法，能够精准给用户推送相关产品和资讯，降低对用户的干扰，属于定向推广。

总体来讲，正是由于今日头条的信息流广告能够展示各式各样的资讯，满足不同群体用户的需求，还能够默默为用户奉上其感兴趣的相关产品和服务资讯，所以拥有较好的市场推广效果。

1. 实训要求

通过多种资源渠道，进一步搜索今日头条信息流广告的推广案例，在此基础上，思考并简述数据分析对今日头条信息流广告的成功做出了哪些具体的贡献，整个过程中体现出了新媒体营销数据分析的哪些特性。

2. 实训步骤

（1）通过多种资源渠道，搜索更多今日头条信息流广告的相关推广案例。

（2）讨论数据分析对今日头条信息流广告的成功做出了哪些具体的贡献。

（3）总结案例中具体体现了新媒体营销数据分析的哪些特性。

8.4.2　新媒体营销数据分析岗位工作任务认知

1. 实训要求

假设你所在的公司想要推广一款新型智能手机，公司要求你们部门对小米公司在进行新款手机预售时借助各新媒体平台开展了怎样的宣传预热活动进行研究，并通过相关数据对这些活动的成效进行评价，最后形成具有借鉴意义的数据分析报告。

2. 实训步骤

（1）以小组为单位，利用多种渠道，收集小米公司在进行新款手机预售时借助各新媒体平台开展的典型的宣传预热活动（2~3个活动即可）。

（2）根据不同活动中使用的新媒体平台进行数据挖掘。

（3）利用合适的数据分析工具开展数据分析工作。

（4）根据数据分析结果得出结论并形成数据分析报告。

（5）对数据分析报告进行优化。

课后习题

一、单项选择题

1. 新媒体用户行为分为（　　　）行为与（　　　）行为，前者提供了大量的在线数据，通常用大数据平台进行分析；针对后者，一般使用传统的定量和定性方法获取信息。

A. 线下　线上　　　　　　　　　B. 线上　线下

C. 留存　流失　　　　　　　　　D. 流失　留存

2.（　　　）是指在统计周期里，产生过内容分享行为的用户占内容阅读点击人数的比重。

A. 内容分享率　　　　　　　　　B. 内容平均分享量

C. 内容最高分享量　　　　　　　D. 内容分享人数

3. 所有读者阅读文章内容的总数量是指（　　　）。

A. 平均阅读量　　　B. 读完量　　　C. 收藏量　　　D. 阅读量

二、判断题

1. 进行数据分析时，对所获取的数据不需要做任何处理，直接使用即可。　　（　　）

2. 借助微信公众号数据分析后台能够完成用户分析、内容分析、消息分析、接口分析和网页分析等工作。　　（　　）

3. 可以通过收藏量来了解文章是否能吸引用户读完。　　（　　）

4. 成熟期需要重点关注互动评论环节与分享转发环节的相关数据。　　（　　）

5. 内容分享率指的是用户在一次登录、退出行为之间，用于阅读内容的时间总和，它是评估内容质量的一个数据指标。　　（　　）

三、简答题

1. 在进行新媒体营销数据获取工作时，应注意哪些问题？

2. 综合所学知识，你认为应该怎样进行用户阅读环节数据分析？